Olaf-Axel Burow • Ernst Fritz-Schubert • Jürgen Luga

Einladung zur Positiven Pädagogik

Wie Lehrerinnen und Lehrer neue Wege beschreiten können

BELTZ

Olaf-Axel Burow ist Professor für Allgemeine Pädagogik an der Universität Kassel. Seine Forschungsschwerpunkte sind Schul- und Organisationsentwicklung, Kreativitätsförderung, Zukunftsmoderation. Bei Beltz sind folgende Bücher erschienen: Positive Pädagogik (2011), Digitale Dividende (2014), Team-Flow (2015), Wertschätzende Schulleitung (2016).

Ernst Fritz-Schubert, Dr. phil., ist Dozent an der Dualen Hochschule in Stuttgart und an der SRH Hochschule in Heidelberg. Er leitet das nach ihm benannte Fritz-Schubert-Institut, das Methoden zur Persönlichkeitsstärkung und Gesundheitsförderung erforscht und entwickelt. Der Autor zahlreicher Veröffentlichungen zum Thema Glück und Wohlbefinden war zuvor viele Jahre Schulleiter der Willy-Hellpach-Schule, an der er im Jahre 2007 das Schulfach Glück einführte. Hierzu ist bei Beltz auch der Titel Praxisbuch Schulfach Glück (2014) erschienen.

Jürgen Luga ist Fachredakteur für didaktische Medien und leitet das Redaktionsbüro Education in Dortmund.

Dieses Buch ist erhältlich als:
ISBN 978-3-407-63020-9 Print
ISBN 978-3-407-29039-7 E-Book (PDF)
ISBN 978-3-407-29057-1 E-Book (EPUB)

1. Auflage 2017

© 2017 Beltz Verlag
in der Verlagsgruppe Beltz · Weinheim Basel
Werderstraße 10, 69469 Weinheim
Alle Rechte vorbehalten

Lektorat: Heike Gras
Umschlaggestaltung: Jonathan Bachmann
Herstellung: Michael Matl
Satz: Beltz Bad Langensalza GmbH, Bad Langensalza
Druck und Bindung: Beltz Bad Langensalza GmbH, Bad Langensalza
Printed in Germany

Weitere Informationen zu unseren Autoren und Titeln finden Sie unter: www.beltz.de

INHALT

VORWORT

Nur wenige werden Schule und die Erfahrung von Glück miteinander in Verbindung bringen. Für zu viele Lehrerinnen und Lehrer und Schülerinnen und Schüler ist Schule ein Ort, der mit Belastung und Überforderung assoziiert ist. Dabei ist Lernen ein mit Lust besetztes Grundbedürfnis des Menschen. Aus dieser Perspektive heraus betrachtet müsste Schule eigentlich ein Ort sein, der uns glücklich macht, sollten wir doch hier unsere Stärken entdecken und unser ungenutztes Potenzial erschließen können. Einigen Schulen ist dieser Wandel zur Potenzialentwicklungsschule gelungen. Doch an zu vielen Schulen dominieren Leistungsdruck und Entseelung. Um diesem Missstand abzuhelfen, hat Olaf-Axel Burow die Positive Pädagogik und Ernst Fritz-Schubert das Schulfach Glück entwickelt – Ansätze, die an immer mehr Schulen mit Erfolg umgesetzt werden. Jeder kennt die Momente und Phasen im Leben, in denen Unzufriedenheit, Zweifel und Erschöpfung die Welt grau färben und uns signalisieren, dass Weitermachen wie bisher keine Alternative ist. Der Wunsch nach grundsätzlichen Veränderungen wird übermächtig. Die Umstände aber erscheinen uns noch mächtiger und Hinderungsgründe unüberwindbar. Wir wählen deshalb keinen neuen Weg, sondern verbleiben in den gewohnten Bahnen oder erstarren. Erweitern wir aber den Blick durch die Positive Pädagogik, eröffnen sich alternative Pfade, die wir beschreiten können, um unsere Wünsche umzusetzen und eine wertschätzende Schule zu entwickeln.

In diesem Buch erfahren Sie nicht nur, wie Sie die Positive Pädagogik und das Schulfach Glück zur Entwicklung Ihrer Schule bzw. Bildungseinrichtung nutzen können, sondern Sie erhalten darüber hinaus auch wirksame Hilfen zur persönlichen Entlastung. Um Ihnen unsere Konzepte fachlich fundiert und gleichzeitig unterhaltsam nahezubringen, führen wir ein Gespräch mit dem Bildungsjournalisten Jürgen Luga über die Entwicklung der Positiven Pädagogik und des Schulfachs Glück.

SCHULE MUSS NICHT BITTER SCHMECKEN: VOM GLÜCK DES LEHRENS

NACH WEGEN SUCHEN, WIE WIR DAS GLÜCK WIEDER IN DIE SCHULE BEKOMMEN UND FÜR LEHRER UND SCHÜLER BEDINGUNGEN SCHAFFEN, DIE SIE ZUM AUFBLÜHEN BRINGEN.

Jürgen Luga (jlu): Was uns drei vereint, und deshalb haben sich unsere Wege gekreuzt, ist der Wunsch, Schule zu verändern. Jeder von uns hat seine Visionen und Ideen. Ernst, was treibt Dich um und an? Das Thema Glück?

Ernst Fritz-Schubert (efs): Das Glück in der Schule ist mir sehr wichtig, dabei geht es aber nicht um das Glücksstreben. Ich wollte mit der Bezeichnung »Schulfach Glück« einfach weg von dem bitteren Beigeschmack, den Schule oft durch die zu starke Defizitorientierung verursacht. Meine Absicht war und ist es, die psychische und physische Gesundheit durch Schule zu fördern. Das Schulfach Glück soll deshalb vor allem jungen Menschen helfen, ein seelisches Polster aufzubauen und sich für Herausforderungen des Lebens zu wappnen. Gleichzeitig soll es zu einem anderen Professionsverständnis bei den Lehrern und Lehrerinnen führen, also weg vom Fehlerfahnder hin zum Schatzsucher. Schätze zu finden macht schließlich glücklich und zufrieden. Glück und Zufriedenheit oder, anders ausgedrückt, das subjektive Wohlbefinden ist eine wichtige Voraussetzung für seelische Gesundheit.

jlu: Und aus diesen Gedanken heraus hast Du dann das Schulfach Glück entwickelt?

efs: Ja, das Ganze mündete dann in das Schulfach Glück, das den Weg aufzeigt, wie man Lebenskompetenz mit Lebensfreude verbinden kann. Der Weg dahin ist nicht nur lustvoll, sondern auch manchmal anstrengend. Aber Herausforderungen zu bewältigen liegt in der Natur des Menschen. Und es macht gute Gefühle. Voraussetzung dafür ist allerdings, dass es sich um persönlich wichtige und werthaltige Herausforderungen handelt. Im Prinzip geht es darum, unseren eigenen Wert, unseren Selbstwert zu verbessern oder zumindest zu schützen. Alles, was wir tun oder erleben, betrifft auch unseren Selbstwert. Gelingendes Leben steht deshalb

> Das Schulfach Glück zeigt den Weg auf, wie man Lebenskompetenz mit Lebensfreude verbinden kann.

immer auch im Kontext des Konzeptes, das wir von uns selbst haben, also im Kontext unseres Selbstkonzepts. Dazu gehört neben dem Selbstwert – man kann auch den Begriff Selbstwertschätzung verwenden – auch die Erwartung, dass ich selbst Einfluss auf das Gelingen meines Tuns habe, also die Selbstwirksamkeitserwartung.

jlu: Wie kann ich denn meine Selbstwirksamkeit steigern?

efs: Je größer meine Kompetenzen sind, Dinge zu verstehen, zu ordnen und zu handhaben, die vorhersehbar oder unerwartet auf mich zukommen, desto größer wird meine Selbstwirksamkeitserwartung. Ein stabiles Selbstkonzept verbunden mit einer guten Selbstkompetenz sind deshalb die Garanten einer persönlichen Meisterschaft und eines gelingenden Lebens. Da meines Erachtens Selbstwertschätzung, Selbstwirksamkeitserwartung und Selbstkompetenz zusammengehören, habe ich sie als pädagogische Zielkategorien in einem Modell zusammengefügt und Fördermöglichkeiten untersucht. Ich bin zu dem Ergebnis gekommen, dass sich diese Elemente nur fördern lassen, wenn die Bedürfnisse der zu fördernden Personen berücksichtigt werden. Dieses Verständnis von Bildung, zu der auch die Selbstbildung gehört, um die Pädagogik der Wissensvermittlung und der Sozialisation ergänzt führte mich zur Positiven Pädagogik und zu Olaf-Axel Burow.

jlu: Selbstwertschätzung, Selbstwirksamkeit, Selbstkompetenz und die Rolle von Bedürfnissen, das werden wir uns noch genauer anschauen. Olaf, was war bei Dir der Impuls, der Dich zu Deinen Gedanken zur Positiven Pädagogik, zum Kreativen Feld und zur Wertschätzenden Schulleitung motiviert hat?

Olaf-Axel Burow (oab): Zwei widersprüchliche Erfahrungen treiben mich bis heute an: zum einen sicherlich die vielen negativen Erlebnisse meiner eigenen Schulzeit an einem baden-württembergischen Gymnasium in den sechziger Jahren, die leider durch aktuelle Erfahrungen meiner Kinder zum Teil noch immer bestätigt werden. Zum anderen die Begegnung mit einem herausragenden Pädagogen, meinem Religionslehrer Wolfer, der mit uns dreiwöchige Freizeiten in den Schweizer Alpen veranstaltete. Dort haben wir Theateraufführungen erarbeitetet, eine Schulband formiert und eine professionelle Schülerzeitung gegründet. Wolfer verstand es, einen Rahmen zu schaffen, in dem es uns pubertierenden Jugendlichen gelang, unsere unterschiedlichen Neigungen und Fähigkeiten so zu kombinieren, dass wir über unsere begrenzten Fähigkeiten hinauswuchsen und gemeinsam kreativ waren. Er schuf in diesen Freizeiten etwas, was ich an vielen heutigen Schulen vermisse und was ich in meinen Büchern als »Kreatives Feld« beschrieben habe.

jlu: Kreatives Feld – das klingt interessant. Was verstehst Du darunter?

oab: Es geht darum, Schüler nicht in einen vorbestimmten Rahmen zu pressen, in dem jeder zur gleichen Zeit das Gleiche lernen muss, sondern eine herausfordernde Umgebung zu schaffen, in der jeder sein Talent, seine Neigung, seine innere Berufung entdecken und entwickeln kann. Ganz im Sinne meines von John Dewey entlehnten Mottos: »Herauszufinden, wozu man sich eignet, und eine Gelegenheit zu finden, dies zu tun, ist der Schlüssel zum Glücklichsein.«[1] Wenn ich mir heute die Mehrzahl der Schulen anschaue, dann stelle ich fest, dass sich seit meiner Schulzeit nicht wirklich etwas geändert hat und viele dieses Ziel der Förderung individueller Begabungen verfehlen. Also Lehrer mit einem falschen Verständnis von Professionalität und Schüler mit einem falschen Verständnis von Bildung, nach dem Motto: Bildung ist, wenn ich den vorgeschriebenen Stoff hersagen kann, statt ihn in Frage zu stellen und für mich zu erschließen. Dieses falsche Bildungsverständnis und das Übermaß an Fremdbestimmung machen Lehrer und Schüler krank. Und deshalb ist mein Anliegen, nach Wegen zu suchen, wie wir das Glück wieder in die Schule bekommen und für Lehrer und Schüler Bedingungen schaffen, die sie zum Aufblühen bringen. Du siehst, Ernst und ich beschäftigen uns dem Wesen nach mit ähnlichen Fragen.

jlu: *Wir sind uns einig, dass Schule, so wie sie ist, ein veraltetes, verkrustetes, Jahrhunderte altes System ist, das nicht mehr in unsere Zeit passt. Der Lehrer in seiner Profession schleppt den ganzen Ballast der Geschichte mit sich herum und ständig werden ihm neue Anforderung obendrauf gepackt.*

oab: Genau. Obwohl Schule, so wie wir sie heute kennen, nur etwas mehr als 200 Jahre alt ist und in seiner Grundstruktur durch das Fließbandsystem der Massenproduktion und Preußen geprägt ist, können sich nur wenige eine andere Schule vorstellen. Dabei erleben wir, dass die traditionelle Form der Schulpraxis immer weniger geeignet ist, alle Potenziale zu erschließen. Zudem überfordert sie zu viele. Deshalb ist es die Aufgabe der Positiven Pädagogik und des Schulfachs Glück, diesen Ballast zu nehmen

> Lehrer
> und Schüler,
> befreit euch
> und erkennt,
> was wirklich
> wichtig ist!

und den Blick zu öffnen für ein anderes, zeitgemäßes Konzept von Schule, nach dem Motto: Lehrer und Schüler, befreit euch und erkennt, was wirklich wichtig ist!

jlu: Was ist denn wirklich wichtig bei der Entwicklung einer Schule?

oab: Ich verweise gern auf die drei Ebenen der Schulentwicklung. Die eine ist Chancengleichheit oder Chancengerechtigkeit. Und da muss man feststellen: Trotz allem, was in den letzten Jahrzehnten gemacht wurde, gibt es keinen Fortschritt. Im Gegenteil: Kinder aus benachteiligten Schichten haben weniger Chancen als noch in den achtziger Jahren.

Die zweite Ebene ist Excellence oder Spitzenleistung. Auch da: Das deutsche Schulsystem bringt nur acht Prozent der Schüler an die Spitze, Singapur schafft 26 Prozent. Singapur hat, um Missverständnissen vorzubeugen, nicht das bessere System. Die erzielen ja ihre Ergebnisse durch rigides Pauken. Aber sie zeigen, dass es sehr viel mehr Luft nach oben gibt. Die Frage ist allerdings, ob Schulen zu mehr Chancengerechtigkeit beitragen können, ohne dass die Ungleichheitsstruktur der Gesellschaft verändert wird. Die alte Illusion der Pädagogen ist, dass man Chancengerechtigkeit durch pädagogische Maßnahmen erreichen kann. In einer Gesellschaft, in der die Verteilungsgerechtigkeit immer stärker abnimmt, können Pädagogen das nur begrenzt beeinflussen. Da ist die Politik gefordert.

Und dann gibt es die dritte Ebene: das Wohlbefinden. Und hier liegt die für die Positive Pädagogik und das Schulfach Glück spannende Erkenntnis: Auf dieser Ebene kann man sofort etwas machen, etwa für das Schulklima, für die Gesundheit, für das Engagement, für die Senkung von Fehltagen. Und der Witz ist: Wenn in der Schule ein größeres Wohlbefinden herrscht, dann sind auch die Leistungen besser und dann hat das auch Auswirkungen auf Chancengerechtigkeit. Also insofern ist Wohlbefinden der zentrale Hebel, um Schulkultur, Lernfreude, also Schulentwicklung insgesamt voranzubringen.

efs: Der Frage »Wo kann sich Schule hin entwickeln?« müssen wir unbedingt nachgehen. Aber zuerst muss uns Folgendes klar sein: Der Lehrer trägt einen schweren Rucksack voll von überkommenen Vorstellungen darüber, was Bildung ist und wie sie vermittelt werden kann, mit sich herum – der muss entrümpelt werden. Schüler sind keine Maschinen, die man bestückt, um ein Produkt zu erzeugen, sondern eigenständige und selbstbestimmte Wesen, die für sich genau das auswählen, was ihnen gut und wichtig erscheint. Als Lehrer werden wir in diesem Verständnis zum Begleiter von prozessualen Abläufen, bei denen die Lernenden für sie wichtige Erkenntnisse gewinnen. Dabei müssen wir uns die Frage stellen: Auf was kommt es dem Lernenden in diesem Prozess eigentlich an?

oab: Das ist die zentrale Frage. Was braucht der Lernende?

efs: Neben den kognitiven Fertigkeiten und Fähigkeiten braucht er vor allem Voraussetzungen, um sich selbst organisieren zu können – im Sinne von personalen Kompetenzen. Außerdem ein gesundes Selbstwertgefühl und den Glauben, dass er die anstehenden Herausforderungen auch schafft, also das Gefühl selbst wirksam zu sein. Diese Elemente helfen ihm dabei, weiterzukommen, sich zu bilden und nicht auf der Stelle zu treten. Wir dürfen nicht vergessen, dass der Mensch sich selbst entfaltet und nicht entfaltet wird. Mein Modell, das Grundlage des Schulfachs Glück ist, beschäftigt sich genau mit den Fragen nach Selbstbildung und Selbstentfaltung und wie diese gefördert werden können. Das gelingt meiner Meinung nach nur, wenn auch die Alltagshandlungen der Schülerinnen und Schüler und die anstehenden Entwicklungsaufgaben berücksichtigt werden. Das heißt, dass sich Schule neben den akademischen auch um die nichtakademischen Zielsetzungen kümmern muss.

oab: Da stimmen wir überein. Ich war ja an der Entwicklung der Gestaltpädagogik beteiligt und dort steht die Persönlichkeitsentwicklung im Mittelpunkt. Die Ermöglichung von persönlich bedeutsamen Lernprozessen ist zentrale Aufgabe des Lehrers. Aber das geht nur, und das ist mein spezifischer Fokus, wenn die Ermöglichung persönlich bedeutsamen Lernens ins Zentrum der Erziehungs- und Unterrichtsarbeit rückt, und mehr noch, wenn sich die Schule insgesamt auf einen Prozess gemeinsamer Zukunftsentwicklung einlässt, an dem Lehrer, Schüler, Eltern und das schulische Umfeld beteiligt sein müssen.

> **Die Ermöglichung von persönlich bedeutsamen Lernprozessen ist zentrale Aufgabe des Lehrers.**

jlu: *Der gemeinsame Ansatz ist also, dass Schule ein Ort sein sollte, der die Entfaltung von Persönlichkeiten ermöglicht und unterstützt, der den individuellen Bedürfnissen von Lehrern und Schülern gerecht wird und ihr Potenzial erschließen hilft.*

efs: Das funktioniert aber nur, wenn es gelingt, Zusammenhänge aufzuzeigen, die einen Sinn erkennen lassen. Wenn wir keine Zusammenhänge herstellen können, entsteht das Gefühl der Sinnlosigkeit. Zusammenhänge erkennen zu können, also Sinnfindung, bildet demnach das Fundament guter Bildung

jlu: *»Über Sinn denke ich erst nach, wenn ich keinen Sinn finde ...« So ähnlich habe ich es neulich in einer der vielen Zeitschriften gelesen, die sich aktuell den unterschiedlichsten Facetten von Sinnstiftung widmen. Gemessen an der Anzahl der Publikationen zu dem Thema muss es ja ein großes Bedürfnis nach Sinnstiftung geben.*

oab: Weil viele von uns im Alltag, aber auch zu viele Lehrer und Schüler in der Schule die Erfahrung von Sinnlosigkeit oder gar Unglück machen.

efs: Dafür bildet unsere Gesellschaft, die in weiten Teilen eine sinnbefreite Gesellschaft ist, beste Voraussetzungen. Das ist vermutlich der eigentliche Grund, weshalb die Sehnsucht nach einem sinnerfüllten Leben so groß ist.

jlu: Ernst, Du beziehst Dich in Deinen Büchern oft auf Viktor Frankl. Ein Zitat von ihm lautet: »Je mehr er [der Mensch] das Glück jagt, umso mehr verjagt er es auch schon.«

efs: Das Zitat geht aber noch weiter: »Um dies zu verstehen, brauchen wir nur das Vorurteil zu überwinden, daß der Mensch im Grunde darauf aus sei, glücklich zu sein; was er in Wirklichkeit will, ist nämlich, einen *Grund* dazu zu haben. Und hat er einmal einen Grund dazu, dann stellt sich das Glücksgefühl von selbst ein.«[2]

oab: Das Glück stellt sich von selbst ein? Das musst Du erklären.

efs: In dem Maße, in dem wir das Glücksgefühl direkt anpeilen, verlieren wir den Grund, den wir dazu haben mögen, aus den Augen, und das Glücksgefühl selbst sackt in sich zusammen: »Glück muss erfolgen und kann nicht erzielt werden.«[3] Nach Frankls Grundthese ist der Mensch ein Wesen, das beständig auf der Suche nach einem Sinn ist, nach für ihn bedeutsame Beziehungen zu anderen Menschen, zur Natur, zu seiner Tätigkeit und seinen Erfahrungen, an denen er wachsen, reifen kann.

jlu: War Frankl nicht auch im Konzentrationslager, einem Ort, an dem man wohl kaum seinen Sinn finden kann?

efs: Das würde man meinen. Aber das Spannende ist, wie es Frankl gelang, in dieser Ausnahmesituation zu überleben. Aus seiner Sicht kommt es auf das Erkennen und Erfahren von Zusammenhängen und deren Bewertung an, mögen sie auch extrem sein. Dann ist es sogar möglich, im Leiden einen Sinn zu finden. Die von ihm begründete Logotherapie soll den Menschen helfen, in ihrem Leben Sinn zu finden und nicht durch das Gefühl von Sinnlosigkeit existenziell frustriert zu werden und daran zu verzweifeln.

SELBSTWERT DURCH
ACHTSAME SELBSTBILDUNG

GESUNDE SELBSTAKZEPTANZ
IST EINE WICHTIGE RESSOURCE,
DIE AUF (SELBST–)VERTRAUEN UND
(SELBST–)VERANTWORTUNG FUSST.

jlu: *Wir sind bereits darauf zu sprechen gekommen, dass Pädagogen oftmals einen Rucksack mit sich herumtragen, den es zu entrümpeln gilt. Ernst, Du empfiehlst Lehrern und Lehrerinnen, im Leben öfters inne zu halten und erst einmal sich selbst zu betrachten. Das klingt nicht gerade nach Aufbruchsstimmung.*

efs: Das sehe ich etwas anders. Das Innehalten steht für mich symbolisch für Selbstvergewisserung im Sinne von Achtsamkeit als Ausgangspunkt für alles, was folgt.

jlu: *Das musst Du mir näher erläutern.*

efs: Beim Innehalten, so wie ich es verstehe, bin ich derjenige, der sich selbst einschätzt, sich selbst betrachtet in Bezug auf die eigenen Möglichkeiten und Ressourcen. Dabei ist mein Gewissen involviert, es fühlt und spürt und wird zum Ratgeber.

Der Mensch möchte nicht nur erdulden, sondern vor allem auch aktiv gestalten. Dazu benötigt er Mut und (Selbst-)Vertrauen, aber auch die Bereitschaft, für die angestrebte Handlung Verantwortung zu übernehmen. Für mich ist Vertrauen ein ganz wichtiges Element. Es wurzelt im besten Falle im Urvertrauen des Kindes und reift heran zur Ich-Identität des jungen Menschen, seinem Verständnis von sich selbst, bis hin zur Ich-Integrität des Älteren, der nicht mit sich und seinem Leben hadert, sondern auf ein erfülltes Sein zurückschaut.

> Der Mensch möchte nicht nur erdulden, sondern vor allem auch aktiv gestalten.

jlu: *Und was bedeutet Vertrauen in Bezug auf Schule?*

efs: Das bedeutet im Idealfall für Schule, dass du als Schüler das Gefühl hast, dort sicher und aufgehoben zu sein, dass du den Menschen um dich herum vertrauen kannst und dass dir das, was dir angeboten wird, wirklich nützlich sein wird. Es herrscht ein Vertrauensverhältnis und nicht ein Misstrauensverhältnis nach dem Motto: Der Lehrer sucht ja nur meine Fehler und die Mitschüler suchen nur die eigenen Vorteile! Erst dann findet eine Identifikation statt, Identifikation mit Schule, mit Lehrern und Mitschülern.

jlu: Das heißt aber auch, dass wir Pädagogen uns verändern müssen, oder?

efs: Ja, wir müssen lernen, dass ohne vernünftiges Setting nichts geht. So, wie wir drei jetzt hier miteinander reden, sind wir ein positives Beispiel für ein gutes Setting. Wir führen ein offenes und ehrliches Gespräch; das gelingt aber nur, weil wir uns gegenseitig wertschätzen und uns wohlfühlen.

oab: Für Dich gehören Wertschätzung und Wohlfühlen zusammen. Aber braucht es zusätzlich nicht auch noch Herausforderungen? Das meiste, was von den Schülern in der Schule gefordert wird, ist ja keine ernsthafte Herausforderung.

efs: Natürlich braucht es auch Herausforderungen, deshalb ist das Schulfach Glück stark handlungsorientiert. Kinder und Jugendliche entwickeln ihre eigenen Projekte. Oder anders ausgedrückt: Die Schüler und Schülerinnen können sich ausgiebig mit ihren altersspezifischen Entwicklungsaufgaben beschäftigen. Das fängt damit an, dass wir zunächst dazu beitragen wollen, dass die Schüler ihre eigenen Stärken überhaupt herausfinden, und dass wir die jungen Menschen darin unterstützen, die Motive ihres Handelns deutlicher zu erkennen, ihre Träume wahrzunehmen und Visionen zu entwickeln. Wir zeigen ihnen anschließend, wie sie die verschiedenen Entscheidungsfaktoren zusammenführen können, also sowohl die rationalen als auch die emotionalen, sodass sich beides harmonisch zusammenfügt. Wir wollen sie in die Lage versetzen, ihren Träumen ein Datum und einen Planungsraum zu geben. Wir wollen ihnen helfen, aus diesen Plänen etwas ganz Reales, Konkretes zu schaffen. Dazu gehört Achtsamkeit, aber auch die Fähigkeit, sich selbst zu motivieren und zu beruhigen. Am Ende bedarf es der Fähigkeit zu Reflexion, um das Ergebnis auch in Muße betrachten zu können.

Grundlage sind immer die eigenen Bedürfnisse. Dazu gehört das Bedürfnis nach materieller Sicherheit genauso wie das nach psychischer Geborgenheit bei gleichzeitigem Drang nach Freiheit und Selbstbestimmung. Die Sinnsuche hilft, aus diesem Konflikt, dem Dilemma, ein Tetralemma zu machen.

jlu: Was ist denn ein Tetralemma?

efs: Das Tetralemma, »vier Ecken« im Sinne von vier Positionen oder Standpunkten, stammt aus der traditionellen indischen Logik zur Kategorisierung von Haltungen und Standpunkten. Erstmals wurde es im Rechtswesen verwendet, um Standpunkte zu kategorisieren, die ein Richter in einem Streitfall zwischen zwei Parteien einnehmen kann. Er kann der einen Partei recht geben oder der anderen oder beiden Parteien (jede hat recht) oder keiner von beiden. Im Prinzip soll damit der Entscheidungs- und Handlungsraum beim Vorliegen eines sogenannten »Dilemmas« erweitert werden.

Ein einfaches Beispiel bietet folgende überlieferte Geschichte: Zu König Salomon, dem Richter, dessen Weisheit sprichwörtlich war, kamen zwei Nachbarn, die miteinander im Streit lagen. Der erste trug seinen Standpunkt vor. Der Richter hörte aufmerksam zu und sagte zu ihm, als er alles gehört hatte: »Da hast du recht.« Dann hörte er den anderen an, der alles ganz anders vortrug. Er hörte aufmerksam zu und sagte auch zu ihm, als er alles gehört hatte: »Da hast du recht.« Der Wesir, der dem aufmerksam gefolgt war, konnte nicht mehr an sich halten und sprach dem König leise ins Ohr: »Die Aussagen der beiden widersprechen sich völlig. Sie können doch überhaupt nicht beide recht haben!« Da wandte sich der König ihm zu, lächelte und sagte: »Da hast du recht.«

Das klingt jetzt vielleicht wie ein Freibrief für Beliebigkeit, soll aber ausdrücken, dass in der subjektiven Betrachtung unterschiedliche Standpunkte nicht nur möglich, sondern vielleicht sogar miteinander vereinbar sind.

jlu: *Wenn ich auf das Beispiel materielle Sicherheit und psychische Geborgenheit vs. Drang nach Freiheit und Selbstbestimmung zurückkomme, verstehe ich das so, dass es neben dem Entweder-oder auch das Sowohl-als-auch gibt. Es kommt darauf an, eine für sich passende, eine für sich Sinn gebende Lösung zu finden.*

efs: Klar, ich brauche Autonomie und Selbstbestimmung, ich bin aber gleichzeitig Teil einer sozialen Community, eines Systems, das größer ist als ich und in dem ich meinen Platz finden will und muss. Erst durch den Sinn kann zwischen dem Wunsch nach Freiheit und dem nach Geborgenheit ein Gleichgewicht hergestellt werden. Für mich ist dieser Dreiklang von Sinn, Freiheit und Geborgenheit eine wesentliche Grundlage, ja das Fundament, auf dem Persönlichkeitsentwicklung aufbaut.

> Dieser Dreiklang von Sinn, Freiheit und Geborgenheit ist eine wesentliche Grundlage, ja das Fundament, auf dem Persönlichkeitsentwicklung aufbaut.

jlu: *Die Schüler sollen sich mit ihren Entwicklungsaufgaben beschäftigen können. Und was ist mit mir, was ist mit den Erwachsenen, den Lehrern und Pädagogen?*

oab: In der Gestaltpädagogik haben wir mal diese Einsicht formuliert: Den Schülern kann es nur gut gehen, wenn es auch den Lehrern gut geht. Wenn man die aktuellen Untersuchungen zur Lehrergesundheit und die Erfahrungen der 1 200 Schulleitungskräfte, die an unserer Zukunftswerkstatt »Abbau von Belastungen« teilgenommen haben, analysiert, dann kann man feststellen, dass es zu vielen Lehrern schlecht geht. Dies liegt zum Teil an einer falschen Berufwahl, die sich auf unzutreffende Erwartungen gründet; es liegt aber auch daran, dass zu viele Kolleginnen und Kollegen im Verlauf ihrer Berufstätigkeit den Kontakt zu sich und ihren Bedürfnissen verloren haben, dass sie nicht achtsam mit sich umgehen.

jlu: Was rätst Du Kollegen, die irgendwann zu der Erkenntnis gelangen, den falschen Beruf gewählt zu haben? Die feststellen, dass der Schulalltag sie quält – und sie vermutlich ihre Schüler?

oab: Nicht nur Schule als Organisation, sondern auch Lehrerinnen und Lehrer als individuelle Personen sind zu sehr außengeleitet. Sie versuchen, die permanent an sie herangetragenen immer neuen Anforderungen zu erfüllen, und vergessen darüber die wichtigste Frage – und da bin ich ganz bei Dir, Ernst, und auch bei Victor Frankl: Wozu machen wir diese ganze Veranstaltung? Was ist der Sinn unserer Tätigkeit? Aus meiner Sicht besteht der Sinn darin, dass Lehrerinnen und Lehrer ebenso wie Schülerinnen und Schüler die Schule als Raum für umfassende Potenzialentfaltung nutzen und sie entsprechend gestalten. Wenn Schule zu einem Ort gemeinsamen Wachstums, zu einem Kreativen Feld, wie ich das nenne, wird, dann geht es nicht nur Lehrern und Schülern gut, dann werden auch gute Leistungen erzielt. Das ist die Kernidee der Positiven Pädagogik.

jlu: Schule als sinnstiftende Institution? Wie verträgt sich das mit Wissensvermittlung und Leistungsorientierung?

oab: Die Schule hat einen Bildungsauftrag, der laut Kultusministerkonferenz abzielt auf »Persönlichkeitsentwicklung und Weltorientierung, die sich aus der Begegnung mit den zentralen Gegenständen unserer Kultur ergeben«.[4] Persönlichkeitsentwicklung ist mehr als abfragbares Wissen und Leistungsorientierung. Persönlichkeitsentwicklung bedarf vor allem Potenzialentfaltung. Der Göttinger Hirnforscher Gerald Hüther hat für dieses Modell nachhaltiger Gesellschaftsentwicklung den Begriff der Potenzialentwicklungsgesellschaft gefunden. Er meint damit, dass der neue Kontinent, den es zu entdecken gilt, in uns selbst liegt – freilich nicht im Sinne der (Selbst-) Ausbeutung, sondern im Sinne der Freisetzung bislang unerschlossener Potenziale. Damit formuliert er eine Vision

Persönlichkeitsentwicklung ist mehr als abfragbares Wissen und Leistungsorientierung.

zukünftiger Bildung, die sich von der einseitigen Konzentration auf die Eroberung des Außen abwendet und einen Perspektivenwechsel auf die Entfaltung innerer Potenziale vornimmt. Lernen und Potenzialentfaltung, das passt nur zusammen, wenn das Lernen ganz bewusst mit einem Gefühl der Lust als eine tief befriedigende und den eigenen Horizont erweiternde Tätigkeit erlebt werden kann. Das gilt für Kinder und Erwachsene.

efs: Das sehe ich genauso: Potenzialentfaltung betrifft nicht nur den eigenen intellektuellen Horizont, sondern auch das Konzept von sich selbst, das Selbst-Verständnis. Um sich zu schätzen, sich wertvoll zu fühlen, müssen auch tatsächlich Werte realisiert werden.

jlu: Von welchen Werten sprichst Du? Da hat doch jeder eine andere Vorstellung.

efs: Werte sind nach Frankl Mittel, durch die Sinn realisiert wird und die die Menschen ganz persönlich anziehen. Frankl spricht von der Sogwirkung der Werte, die im Gegensatz zu den Trieben stehen, die antreiben.

Er beschreibt drei Wertkategorien: zum einen »Erlebniswerte«, also z. B. das Aufgehen in der Natur oder in der Liebe zu einem anderen Menschen, und »Schöpferische Werte«, also etwas tun oder schaffen. Zum anderen spricht er von »Einstellungswerten«. Diese dritte Wertkategorie, die Einstellung zu den Herausforderungen des Lebens, halte ich persönlich für die wichtigste, weil sie den inneren Kern des Menschen, seine Grundfesten betrifft. Alle drei Wertkategorien dienen zugleich der Werteorientierung zur Stärkung des Selbstwertes. Dieser kann nur dadurch entstehen, dass ein Wert geschöpft bzw. realisiert, also durch selbstbestimmte Haltung, Handlung oder Unterlassung geschaffen wird.

oab: Viele Lehrerinnen und Lehrer haben Probleme mit ihrem Selbstwert. Ein Grund ist die unzureichende Anerkennung der Lehrertätigkeit in der Gesellschaft und auch die vergleichsweise geringen

Aufstiegschancen spielen eine Rolle. Dabei handelt es sich bei der Lehrer- und Erziehungsarbeit um eine der anspruchsvollsten und wichtigsten zukunftssichernden Tätigkeiten in unserer Gesellschaft. Lehrer müssen – etwa durch Eltern- und Öffentlichkeitsarbeit – selbst dafür sorgen, dass ihre Leistungen wertgeschätzt werden, und jeder Lehrer sollte sich von Zeit zu Zeit fragen: Wo empfinde ich heute in meiner Tätigkeit Selbstwertschätzung? Ist sie bei mir vorhanden? Ist sie in meinem Umfeld vorhanden? Was kann ich dafür tun?

jlu: Ernst, wie schafft Ihr es, in Euren Weiterbildungen bei Lehrerinnen und Lehrern die Selbstwertschätzung, die Selbstachtung zu verbessern?

efs: Dazu muss ich etwas ausholen. Beim Selbstwert sind die einzelnen Facetten meiner Person entscheidend, die Selbstwertfacetten. Wie empfinde ich mich als Lehrerin, als Mutter, als Ehefrau oder mit meinen physischen Gegebenheiten? Wir glauben, uns gut zu kennen, mit allen Stärken und Schwächen. In Wirklichkeit werden wir von außen ganz anders wahrgenommen. Anteile wie z. B. vermeintlich schlechte Eigenschaften oder Glaubenssätze, die in Wirklichkeit hilfreich bei der Bewältigung von Herausforderungen sind, positiv anzunehmen, will gelernt sein. Um die Selbstwertfacetten bewusst und miteinander vereinbar zu machen, braucht es den Zuspruch, die Unterstützung von außen. Das erfolgt in unserer Stärkungsphase. Es gilt das Motto »Liebe dich selbst, dann können die anderen dich gern haben«, wie es der Mediziner und Kabarettist Eckart von Hirschhausen humorvoll zusammengefasst hat.[5] Gesunde Selbstakzeptanz ist für mich eine wichtige Ressource, die auf (Selbst-)Vertrauen und (Selbst-)Verantwortung fußt.

jlu: Sich gegenseitig zu stärken wäre dann auch ein Teil des Weges zu mehr Wohlbefinden in der Schule, zu mehr psychischer Gesundheit der Pädagogen und Schüler?

efs: Ja, ich bleibe dann gesund, wenn ich mich geborgen und sicher fühle und gleichzeitig Raum zur persönlichen Entfaltung habe. Daraus ergibt sich, dass ich meine Schule als sinnstiftende Institution erlebe, selbst meinen Beitrag dazu leiste und erfahre, dass ich gebraucht und geschätzt werde.

jlu: Was müsste passieren, damit sich die Schule dahin entwickelt?

oab: Im Verlaufe meiner jahrzehntelangen Schulentwicklungsarbeit ist mir bewusst geworden, dass viele der Versuche, Schule und Lehrertätigkeit zu optimieren, auf unrealistischen Annahmen beruhen. Sie sind häufig viel zu kompliziert oder aufwändig, als dass der Durchschnittslehrer die Anregungen wissenschaftlicher Forschungen in seine Alltagspraxis übersetzen könnte. Das liegt auch daran, dass die Logik der Wissenschaft und die der Praxis schwer zu vereinen sind. Und doch gibt es hin und wieder wissenschaftliche Erkenntnisse und Modelle, die die Komplexität so zu reduzieren, dass sie praxistauglich sind.

jlu: Komplexität reduzieren – wie kann das gelingen? Hast Du ein Beispiel dafür?

oab: Man braucht eine handlungsleitende wissenschaftliche Theorie wie z. B. die Salutogenese des israelischen Soziologen Aaron Antonovsky. Ausgangspunkt seiner Theorie war ein radikaler Perspektivenwechsel: Anders als die traditionelle Schulmedizin hat er sich nicht gefragt, was krank macht, sondern untersucht, was gesund hält. Wie gelingt es Personen, die unter extremen Stress stehen und überdurchschnittliche Anforderungen bewältigen müssen, trotzdem gesund zu bleiben? Zu den von ihm untersuchten Personen zählten auch Überlebende des Holocaust. Personen, die besonders befähigt sind, extremen Stress zu bewältigen, zeichnen sich demnach durch die Kombination von drei Faktoren aus: Verstehbarkeit, Bedeutsamkeit, Handhabbarkeit.

jlu: *Und was folgt daraus für die Lehrertätigkeit?*

oab: In meinen Vorträgen verdeutliche ich dieses Stressbewältigungs-system gern an Frau Schwabe, der ehemaligen Lehrerin meiner Tochter. »Das Schlimmste, was mir passieren kann«, sagte sie kurz vor ihrem Ruhestand zu mir, »ist, pensioniert zu werden.« Dazu muss man wissen, dass sie an einer Schule in einem sozialen Brennpunkt unterrichtete – einer Schule, die höchste Anforderungen stellt und die eigentlich eine gute Voraussetzung für die Entwicklung von Burnout bietet. Was ist also das Besondere an Frau Schwabe? Warum genießt sie diese äußerst fordernde Situation?

»Ich unterrichte so«, berichtet sie, »dass möglichst alle Schüler den Stoff verstehen. Wenn mir das gelingt, habe ich Glücksgefühle. Ich merke, dass ich für meine Schüler sehr wichtig bin und ich bin stolz darauf, dass es mir gelingt, alle zu einem Abschluss zu bringen. Irgendwie habe ich gelernt, selbst mit schwierigen Schülern umzugehen und sie zu ihrem Ziel zu bringen.« Sie hat also verstanden, wie sie am besten mit der Situation umgeht, es hat für sie große Bedeutung, dass jeder ihrer Schüler seinen Abschluss schafft, und sie hat gelernt, wie sie dieses umsetzen kann – Verstehbarkeit, Bedeutsamkeit und Handhabbarkeit. Wenn diese drei Faktoren gegeben sind, dann erfahren die Personen sich und ihr Handeln – besonders in Stresssituationen – als stimmig. Antonovsky bezeichnet die Realisierung dieser drei Faktoren als Kohärenzgefühl.

jlu: *Aber viele Lehrerinnen und Lehrer leiden doch unter Überforderung. Wie kann ausgerechnet Schule zu einer Erhöhung des Kohärenzgefühls beitragen?*

oab: Wenn wir eine gute, gesundheits- und leistungsförderliche Schule entwickeln wollen, dann müssen wir für Umgebungen sorgen, in denen Lehrer und Schüler Verstehbarkeit, Bedeutsamkeit und Handhabbarkeit erfahren. In vielen traditionellen Schulen ist dies offenbar zu selten der Fall, sonst hätten wir nicht so viele »Burnout-Lehrer« und sogar »Burnout-Kids«, wie der Hamburger Chefarzt Michael Schulte-Markwort in seinem gleichnamigen Buch beschreibt.[6] Positive Pädagogik setzt dagegen auf salutogene Führung und den Aufbau von wertschätzenden Schulen.

KONSISTENZ UND KOHÄRENZ: WIE DIE SCHULE GESUND WIRD

KOHÄRENZ UND KONSISTENZ
SIND RESSOURCEN, DIE MIR HELFEN,
MIT DEM, WAS MIR VON AUSSEN
BEGEGNET, ADÄQUAT UMZUGEHEN.

jlu: *Euren vorangegangenen Ausführungen entsprechend kann die Positive Pädagogik also das Gerüst für eine gesunde Schule sein. Werfen wir aber einen Blick auf unsere heutige Gesellschaft, so muss man feststellen, dass die Rahmenbedingungen nicht gerade gesundheitsfördernd sind. Wir alle wollen uns möglichst viele Optionen offenhalten und für alle möglichen Eventualitäten gerüstet sein. Das an sich wäre ja nicht schlecht, befänden wir uns nicht ständig in Wettbewerbssituationen und würde sich unser Selbstoptimierungswahn nicht fast ausschließlich an Markterfordernissen orientieren. Macht und Erfolg als Antrieb für den Kompetenzerwerb – gibt es dazu eine Alternative?*

oab: Hier kann ich auf den großen amerikanischen Philosophen und Pädagogen John Dewey verweisen: Entscheidend für die Erfahrung von Glück, Erfüllung und Selbstwirksamkeit ist, dass wir die Gelegenheit erhalten, herauszufinden, wozu wir uns eignen, und Orte finden oder gestalten, an denen wir diese Eignung erproben und weiterentwickeln können. Diese Einsicht wird von dem Flow-Forscher Mihály Csíkszentmihályi bestätigt, der gezeigt hat, dass wir immer dann, wenn wir vor einer selbstgewählten Herausforderung stehen, die leicht über unseren Fähigkeiten liegt, die uns aber nicht überfordert, in einen Zustand selbstvergessenen Lernens und Entwickelns kommen, den er als »Flow« bezeichnet.

jlu: *»Selbstgewählte Herausforderungen, die leicht über unseren Fähigkeiten liegen«, bedeutet das nicht für jeden Schüler – und übrigens auch für jeden Pädagogen – etwas völlig anderes?*

oab: Natürlich. Aber die Traditionsschule basiert – pointiert ausgedrückt – auf dem Konzept, dass alle zur gleichen Zeit das Gleiche tun. Der hier zugrundeliegende Kardinalfehler ist die Annahme, dass wir alle gleich sind. Dabei haben wir in Wirklichkeit unterschiedliche Begabungen und Neigungen, wir lernen in unterschiedlichen Tempi. Motivation entsteht aber erst dann, wenn ich mich als selbstwirksam erlebe und die Erfahrung mache, dass ich in meinen spezifischen Fähigkeiten vorankomme. Man kann niemandem etwas beibringen. Lernen müssen wir selber, und das tun wir nur, wenn es für uns verstehbar, bedeutsam und handhabbar ist. Das heißt Lernen ist ein persönlicher und individueller Prozess, der sich nur sehr begrenzt normieren lässt. Deshalb sind viele der Reformen in Folge der PISA-Untersuchungen unwirksam. Lernen und Lehrangebote müssen zu den jeweiligen Personen passen. Sie müssen maßgeschneidert sein.

jlu: Die allermeisten Lehrenden dürften weder in ihrer Schulzeit noch im Studium maßgeschneidertes individualisiertes Lernen erlebt habt. Können und sollten sie den Anspruch darauf – z. B. in Fortbildungen – nicht auch für sich erheben?

oab: Na sicher. Standardisierung und überzogene Normierung sind Irrwege. Bedeutungsvolles Lernen ist ein Kind von Selbstbestimmung und Freiheit. Der Umgang damit muss gelernt werden. Doch so, wie wir heute noch zu oft Schule und Lehrerbildung gestalten, passiert das Gegenteil: Wir erziehen zu Anpassung und zur Orientierung an fremdbestimmte Vorgaben und wundern uns dann, wenn unsere Absolventen zu wenig eigenständig und kreativ sind und stattdessen auf Anweisungen warten. Doch in einer sich rasant wandelnden, komplexen Gesellschaft geht es immer weniger darum, gelerntes Wissen – wie in unseren Prüfungen – zu reproduzieren, sondern kooperativ im Team Neues zu entwickeln, ohne Leitung durch Vorgesetzte.

> Wir erziehen zu Anpassung und zur Orientierung an fremdbestimmte Vorgaben.

jlu: Gibt es Entwicklungen, die das individualisierte Lernen befördern?

oab: Ironischer Weise bietet gerade der Trend zur Digitalisierung, den viele Lehrer ablehnen, dafür neue Chancen, wie ich in meinem Buch »Digitale Dividende« (2014) beschrieben habe: Lernplattformen wie die kostenfreie Khan-Academy ermöglichen es, das individuelle Lernverhalten nachzuverfolgen und Aufgaben zuzuweisen, die auf den individuellen Leistungstand des Schülers zugeschnitten sind. Lernen und Lehren werden so passgenauer und ermöglichen auf das Individuum bezogene Potenzial- und Persönlichkeitsentwicklung.

jlu: Soweit ich es verstanden habe, will das Schulfach Glück für den letztgenannten Punkt die Voraussetzungen schaffen, oder?

efs: Die Fragen, die wir mit dem Schulfach Glück anregen, lauten nicht nur »Was brauche ich, was sind meine Bedürfnisse?«, sondern auch »Was kann ich tun, um diese zu befriedigen?«.

jlu: Und was kann ich tun?

efs: Aus meiner Sicht ergibt sich folgender Zusammenhang: Die Befriedigung der psychischen Bedürfnisse wird ermöglicht durch die Entwicklung personaler Kompetenzen. Um diese zu entwickeln, müssen Schüler und Lehrer wissen, über welche Ressourcen und Potenziale sie verfügen bzw. welche sie entwickeln können. Wenn ich mich einsam fühle, dann muss ich den Mut und die Fähigkeit haben, auf andere Menschen zuzugehen. Zuhause zu sitzen und zu jammern hilft da wenig. Für mich sind in diesem Kontext das von Olaf angesprochene Kohärenzgefühl und daneben das Gefühl von Konsistenz zwei wichtige Ressourcen.

jlu: Erkläre mir bitte den Unterschied zwischen Konsistenz und Kohärenz.

> Konsistenz
> bedeutet Widerspruchsfreiheit
> im Sinne eines
> inneren Gleichgewichtes.

efs: Konsistenz bedeutet Widerspruchsfreiheit im Sinne eines inneren Gleichgewichtes. Sie entsteht durch das Wahrnehmen und Leben der eigenen Bedürfnisse und Stärken. Stell dir einen Veganer im Tierschutz vor – und im Gegensatz dazu die gleiche Person in einer Fleischfabrik. In welcher Situation wird sich die Person wohler und konsistenter fühlen? Durch das Erkennen meiner inneren Bedürfnisse und die Suche nach Wegen für selbstgemäße Entfaltung wird innere Harmonie begünstigt, so finde ich eher mein Gleichgewicht. Ich bin dann in der Lage, in Übereinstimmung mit mir zu leben und mich selbst zu achten.

oab: Der Begriff Konsistenz geht auf Klaus Grawe zurück und geht davon aus, dass der Organismus nach Übereinstimmung bzw. Vereinbarkeit der gleichzeitig ablaufenden neuronalen und psychischen Prozesse strebt. Je höher die Konsistenz, desto gesünder ist der Mensch. Grawe unterscheidet vier Grundbedürfnisse: Orientierung/Kontrolle, Lustgewinn/Unlustvermeidung, Bindung und Selbstwerterhöhung/Selbstwertschutz.

Vielleicht ist es Euch schon aufgefallen, dass es hier interessante Bezüge zwischen Grawes Konsistenztheorie, Antonovskys Salutogenese und Frankls Logotherapie gibt. Die Sinnfindung erfüllt im Verständnis der Logotherapie die Aufgabe, sich und anderen zu vertrauen, sich zu verstehen und zu schätzen, das Leben zu verstehen und zu strukturieren. Damit wird Sinnfindung ein wichtiger Faktor für das Kohärenzgefühl, wie es Antonovsky mit Verstehbarkeit, Handhabbarkeit und Bedeutsamkeit definiert. Letztlich lässt sich auch ein Bezug zu Grawes Konsistenztheorie herstellen. Sinnfindung, bei der das Gewissen als Sinnorgan fungiert, wie es Frankl formuliert, wird zum Steuerungs- und Kontrollsystem für das Konsistenzgefühl und sorgt für die Widerspruchsfreiheit zwischen Selbstwerterhöhung und Bindung sowie zwischen Lust und Unlust.

efs: Beide Gefühle, Kohärenz und Konsistenz, sind Ressourcen, die mir helfen, mit dem, was mir von außen begegnet, adäquat umzugehen und Ungleichgewichte wieder in Gleichgewichte zu verwandeln.

jlu: Innere Harmonie, das klingt für mich nach einem sehr hoch gesteckten Ziel.

efs: Diese Gleichgewichtssituation, also Kohärenz und Konsistenz, als fließendes Gleichgewicht immer wieder herzustellen, ist eigentlich unser ständiges Bestreben und notwendig zur Erhaltung der Gesundheit und Grundlage der Entwicklung von gesundheitsförderlichen Schulen. Lehrerinnen und Lehrer, die überfordert oder gar im Burnout sind, leiden an einem Mangel an Kohärenz bzw. Konsistenz. Sie spüren das Ungleichgewicht, z. B. wenn ihnen der Körper signalisiert: Ich kann nicht mehr, ich muss aufhören, damit ich wieder neue Kräfte sammeln kann. Unter Umständen blockieren die Muskeln, um vor körperlicher Überforderung zu schützen, oder die Bandscheiben setzen uns matt. Denk nur an den Burnout-Kandidaten, der in Bewegungslosigkeit erstarrt. Es ist ein Flehen des Körpers nach Ruhe, die er auf andere Weise nicht erreichen kann.

jlu: *Ist es denn nur negativ, in einem Burnout zu sein?*

efs: Nein. Der Arzt und Therapeut Gunther Schmidt erkennt in den Syndromen des Burnouts sogar eine Ressource, die vor weiterer Überlastung schützt, sie sind also eine Art Warnsystem. Es gibt ganz unterschiedliche Herangehensweisen, durch die wir versuchen, unser Gleichgewicht wieder herzustellen, mit dem Ziel, ein schädliches Ungleichgewicht zu korrigieren. Kollegen, die hohe Fehltage aufweisen, versuchen sich der überfordernden Situation zu entziehen, andere suchen im Alkohol oder in anderen Drogen einen Ausgleich. Verständliche, aber fehlgeleitete Versuche, denn eigentlich geht es darum, die Verhältnisse zu benennen, die zu Überforderung führen, und Schulen in gesundheitsförderliche Einrichtungen zu verwandeln.

jlu: *Und nur, wenn ich im Gleichgewicht bin, bin ich lern- und lehrfähig?*

oab: Jedenfalls scheint es am Gleichgewicht, an Kohärenz und Konsistenz in Schulen zu mangeln. Dies ist auch eine Erkenntnis unserer Zukunftswerkstatt »Abbau von Belastungen«, die ich seit zehn Jahren mit Hans-Günter Rolff zweimal im Jahr mit bis zu 100 Schulleitungskräften durchführe, mit dem Ziel, Überforderungsursachen zu erkennen und Belastungen abzubauen. Sie wird von der Deutschen Unfallkasse im Rahmen der Gesundheitsprävention gesponsert, weil sie sich als sehr erfolgreich erwiesen hat, wie die Evaluationen zeigen. Wir folgen mit unserem Modell der gesundheitspräventiven Zukunftswerkstatt den Faktoren Antonovskys. In der ersten Phase, der Diagnosephase, analysieren die Kolleginnen und Kollegen ihre Hauptbelastungsfaktoren und erarbeiten dazu in schulformübergreifenden Gruppen Diagnoseplakate, die zeigen, was an den Rahmenbedingungen, an der Kommunikation im Kollegium oder an einem selbst liegt.

jlu: *Ich hake hier kurz ein. Wir reden ja häufig von äußeren Bedingungen, die oft kaum oder gar nicht zu beeinflussen sind. Was sind denn Beispiele für Rahmenbedingungen?*

oab: Es sind vor allem zwei Faktoren, die die Kolleginnen und Kollegen seit zehn Jahren mit beeindruckender Konstanz benennen: Es ist zum einen die zu starke Verregelung bzw. Bürokratisierung des Schulalltags und zum anderen der zu große Zeitdruck, der aus zu vielen Anforderungen resultiert. Man kann es auf den Nenner bringen: Wir haben zu viel Verwaltung und zu wenig Gestaltung in der Schule.

jlu: *Ich hatte Dich unterbrochen …*

oab: Also in der Diagnosephase verstehen die Kolleginnen und Kollegen, wie es zu den Belastungen kommt – praktizieren also Verstehbarkeit im Sinne der Salutogenese. In der zweiten Phase, der Visionenphase, entwickeln sie das Modell einer gesundheitsförderlichen Schule. Dabei geht es dann um Bedeutsamkeit. Und in der dritten Phase, der Realisierungsphase, entwickeln sie – ausgehend von den Visionen – einen Umsetzungsplan. Hier geht es um Handhabbarkeit. Unsere Zukunftswerkstatt ist also gewissermaßen ein Modell salutogener Schulentwicklung und ein Beitrag für mehr Kohärenz im Schulalltag.

jlu: *Wenn Du von salutogener Führung sprichst, ist dann damit auch Selbstführung gemeint oder delegierst Du das an die Schulleitung?*

oab: Die Anforderung »salutogenes Führen« zielt auf Schulleitung, Lehrer und Schüler gleichermaßen ab. Sie beschreibt ein ideales Modell, wie wir mit uns und anderen im Sinne der Gesundheitsförderung, aber auch der Förderung guter Leistungen, umgehen sollten. Übrigens kann jeder nach diesem Modell für sich selbst zu Hause eine persönliche Zukunftswerkstatt durchführen, indem man sich die Fragen stellt: Was überlastet mich – was liegt am Rahmen, an der Zusammenarbeit im Kollegium, an meiner Verarbeitungsweise? Wir würde ich meine Tätigkeit gestalten, wenn alles möglich wäre? Welche Schritte kann ich unternehmen, um meine Arbeitsplatzversion Wirklichkeit werden zu lassen bzw. mich ihr anzunähern?

efs: Salutogenese, also das Training und die Berücksichtigung der drei Faktoren der Salutogenese, spielen natürlich auch hinsichtlich des psychischen Wohlbefindens, das wir mit dem Unterrichtsfach Glück anstreben, eine wesentliche Rolle. Die Wirkungen dieser Orientierung, die wir beobachten, sind ganz erstaunlich.

Michael Leisinger z. B., den ich kennenlernen durfte, als er noch Praktikant war, und der sich dem Schulfach Glück ganz besonders widmet, hat als junger Studienrat mittlerweile seine ganze Schule infiziert – selbst diejenigen, die anfangs skeptisch waren und ironisch meinten: »Ach, habt ihr wieder Glück gehabt, seid ihr nun alle glücklich?« Auch die Ironiker haben irgendwann verstanden, um was es in dem Fach wirklich geht und anerkannt: »Michael, es erscheint bei dir alles so mühelos, aber es funktioniert offensichtlich sogar bei schwierigen Schülern.«

> Das Paradoxe am Unterrichten ist doch oft, dass wir uns unheimlich anstrengen, um Widerstände bei Schülern zu überwinden.

jlu: Und wie erreicht er diese erstaunlichen Erfolge?

efs: Michael hat sozusagen ein salutogenes Professionsverständnis. Er findet das, was er macht, bedeutsam, hat ein klares Konzept von sich selbst und eine große Portion Selbstvertrauen. Damit er seiner Bedeutung als Lehrer gerecht werden kann, beginnt er bei den Bedürfnissen der Schüler und ihren eigenen Motiven: Warum wollen sie überhaupt etwas lernen und in welcher Form kann das geschehen? Das Paradoxe am Unterrichten ist doch oft, dass wir uns unheimlich anstrengen, um Widerstände bei Schülern zu überwinden, weil wir sie davon überzeugen wollen, dass sie gegen ihre eigenen Motive handeln müssen. Und das ist doch der größte Unsinn, oder? Michaels Selbstvertrauen erlaubt ihm, flexibel zu reagieren und im Zweifel zu improvisieren. Der Beruf des Lehrers passt zu seinem Konzept von sich. Deshalb wirkt er authentisch und so überzeugend. Hirschhausen würde sagen: »Er hat seinen Beruf zu seinem Hobby gemacht und braucht deshalb nicht mehr zu arbeiten.«

jlu: *Das ist ja auch das, was Tobias Rohde, Dein Lehrtrainer, berichtet: »Das Spannendste an der Ausbildung zum Glückslehrer ist, dass sie glücklichere Lehrer macht. Manche absolvieren die Ausbildung und unterrichten dann gar nicht Glück. Aber ihre ursprünglichen Fächer unterrichten sie danach ganz anders. In ihrer Ausbildung zum Glückslehrer haben sie sich auf eine Reise begeben, die sie darüber nachdenken lässt, was ihnen selbst wichtig ist und wie sie ihr eigenes Glück finden können. Die Inhalte aus dem Schulfach Glück sind oft Anregungen für ihre eigene Persönlichkeits-entwicklung. Und die Impulse kommen dann auch dem Mathematik- oder Sportunterricht zugute. Und vor allem ändert sich die Beziehung zwischen ihnen und den Schülern – und zwar positiv. Sie interessieren sich mehr für die Persönlichkeit der Schüler als für die Noten. Es entspannt sie sehr stark und die Rückmeldungen zeigen, dass sie danach anders und mit einer anderen Haltung unterrichten.«*

oab: Unser Frage ist ja, wie wir zur gesunden Schule kommen. Wir haben festgestellt, dass es um eine stärkere Ausbildung personaler Kompetenzen bei Lehrern und Schülern geht, also um die Reflexion von Fragen wie »Was kann ich?« und »Was bringt mich weiter?«. Und damit sind wir bei der Frage der Kompetenzen. Die Wende zum kompetenzorientierten Unterricht ist ja grundsätzlich sinnvoll, jedenfalls wenn sie nicht darin mündet, in deutscher Bürokratie fixierter Tradition uniforme Kompetenzkataloge zu erstellen und abzuprüfen.

jlu: Was verstehst Du denn aus Sicht der Positiven Pädagogik unter Kompetenz?

oab: Kompetenz meint die Verbindung von Wissen, Haltung und Handlung. Der Irrtum der Traditionsschule besteht in einer Fixierung auf die Wissensvermittlung. Doch isoliertes Wissen ist, wie Rolf Arnold in einem kleinen Büchlein mit John Erpenbeck ausgeführt hat, noch keine Kompetenz.[7] Jeder von uns kennt Experten, die jede Menge wissen, aber sich in der Praxis als inkompetent erweisen. Aus Sicht der Positiven Pädagogik kommt es darauf an, personengemäßes Wissen mit dem Aufbau entsprechender Haltungen sowie der Befähigung zum Handeln zu verbinden. Die alten Konzepte von Projektunterricht, handlungsorientiertem Unterricht und Ähnlichem kommen hier zum Tragen, allerdings in Verbindung mit einer entsprechenden Persönlichkeitsentwicklung, wie es etwa im Schulfach Glück angestrebt wird. In einer Gesellschaft, die durch den wachsenden Gegensatz zwischen Arm und Reich, durch

Kompetenz meint die Verbindung von Wissen, Haltung und Handlung.

eine Gefährdung der Demokratie und einer Übernutzung der natürlichen Ressourcen charakterisiert ist, hilft das Reproduzieren von alten Lösungen immer weniger. Es kommt immer stärker darauf an, die Heranwachsenden zu eingreifender Zukunftsgestaltung zu befähigen, also – wie es Gerhard de Haan nennt – »Gestaltungskompetenz« auszubilden. Übrigens bieten hier gerade die digitalen Medien und die sozialen Netzwerke völlig neue Möglichkeiten. Mit einem iPad und einer guten Idee kann ich aus dem Klassenzimmer heraus eine wirksame Aktion, vielleicht sogar eine Revolution starten.

jlu: Digitale Medien und Persönlichkeitsbildung – ist das nicht ein Gegensatz? Wir führen ja heute quasi zwei Leben parallel, ein reales und ein digitales. Da gibt es einige warnende Stimmen, von digitaler Demenz ist die Rede oder von der Lüge der digitalen Bildung. Du hast mit Deinem Buch »Digitale Dividende« eine optimistische Gegenposition bezogen. Erweitern denn digitale Medien unsere Kompetenzen auch hinsichtlich Wohlbefinden und Glück?

oab: Der grundlegende Fehler in der Debatte um Digitalisierung und Schule ist das Schwarz-Weiß-Denken. Manfred Spitzer, für mich der Thilo Sarazin der Digitalisierungsdebatte, malt ja die Gefahr der digitalen Demenz an die Wand und stärkt damit alle, die sich den neuen Entwicklungen verschließen wollen. Es geistern dann unsinnige Befürchtungen durch die Bildungslandschaft, wie etwa die, dass Digitalisierung die Lehrer überflüssig mache. Völliger Unsinn. Das Gegenteil ist der Fall. Im anbrechenden digitalen Zeitalter wird der Lehrer wichtiger denn je, aber nur dann, wenn er bereit ist, seine Rolle zu ändern.

jlu: Was ist seine neue Rolle und wie können ihn digitale Medien dabei unterstützen?

oab: Die sinnvolle Nutzung digitaler Medien kann ein Beitrag zur Lehrerentlastung und damit zur gesunden Schule sein, denn die Vermittlung von Basiswissen und auch das Wiederholen und Üben können teilweise mit Hilfe von Lernplattformen erfolgen. »Flipped classroom«

ist eine Methode, die sich dafür gut eignet. Also das »umgedrehte Klassenzimmer«, in dem die Schüler in Gruppen oder zu Hause selbstständig Grundlagen erarbeiten, um sie dann in der Klassengemeinschaft unter Anleitung des Lehrers anzuwenden, zu überprüfen und zu vertiefen. Auf diese Weise können Routinetätigkeiten reduziert werden und der Pädagoge erhält sehr viel mehr Freiraum für direkten Lehrer-Schüler-Kontakt, für individuelle Unterstützung, für kulturelle Schulbildung, für viele andere Dinge.

jlu: *Es könnte aber doch die Angst entstehen, dass in der Zukunft der Lehrer durch digitale Medien ersetzbar wird.*

oab: Nicht ersetzbar, die neuen Medien werden ihn entlasten. Im digitalen Zeitalter ist es eine Vergeudung von Lehrerarbeitszeit, wenn Basiswissen oder Grundfertigkeiten frontal vermittelt werden. Und zwar aus folgenden Gründen: Wir wissen alle, dass binnendifferenzierter Unterricht nicht funktioniert. Wenn ein Lehrer für zwei Leistungsstufen differenziert, ist das schon viel. Aber selbst das passiert viel zu selten und ist bei weitem nicht ausreichend. Die Kinder sind so unterschiedlich, dass sie *alle* individuelle Zugänge brauchen. Mit entsprechend gut durchdachten Lernplattformen können Lehrer entlastet werden. Das bedeutet eben nicht, dass sie überflüssig werden, sondern ganz im Gegenteil: Lehrer werden überflüssig, wenn sie Frontal-Standardunterricht machen, denn den können Maschinen besser machen. Sie werden allerdings unersetzlich, wenn sie aktiv neue Kompetenzen entwickeln, also Lernumgebungsdesigner werden, sich zu Beratern und auch Coaches für die Schüler wandeln. Im digitalen Zeitalter braucht man Potenzialcoaches – also Lehrerinnen und Lehrer, die in der Lage sind, Begabungen zu entdecken und zielgenau zu fördern. Passgenaues Lernen ist das Stichwort und ein zentrales Ziel Positiver Pädagogik.

Im digitalen Zeitalter braucht man Potenzial-coaches.

jlu: *Passgenaues Lernen, darauf soll Deiner Meinung nach also die sinn-volle Integration von digitalen Medien in der Schule abzielen?*

oab: Ja, aber man muss auch sehen, dass das Lernen mit digitalen Me-dien nur ca. 20 bis 25 Prozent des Unterrichts ausmachen wird. Aber es bietet viele Chancen, gerade auch im Bereich Inklusion. Es gibt an einer berufsbildenden Schule in Neuwied einen Lehrer, Norbert Schrö-der, der überwiegend mehrfach Behinderte unterrichtet – also behin-dert im Sinne von gehörlos, schwere Verhaltensauffälligkeiten, Tou-rette-Syndrom und Ähnliches. Er arbeitet sehr viel mit iPads. An der Schule werden z. B. Küchenhilfen ausgebildet. Sie lernen, wie Gemüse geputzt wird, wie Möhren zerkleinert werden und so weiter. Norbert Schröder leitet die Schüler dazu an, mit dem iPad Lehrvideos zu erstel-len. Ein Schüler macht es vor, einer filmt es. So entstehen Lehrvideos zu den Lehrinhalten. Die Aufgabe für die Schüler im nächsten Jahr be-steht darin, sich diese Lehrvideos anzugucken und zu überlegen, was man besser machen könnte.

Die neue Herausforderung besteht also darin: Die Schüler selbst erstellen die Lehrmedien für die nächste Generation und lernen da-bei sozusagen mit dem Medium. Sie nehmen das Wissen der Vorgän-gerversion auf und entwickeln es weiter und entlasten so die Lehrer. Das ist ein Beispiel für die lernende Schule der Zukunft, in der Schü-ler nicht mehr nur Lernende sind, sondern gleichzeitig Medien- und Wissensproduzenten. Es geht also immer häufiger um den Abschied von der vergangenheitsorientierten Traditionsschule, die Lehrer und Schüler überfordert, indem sie zu sehr an der Reproduktion von Wis-sen orientiert ist und zu wenig auf die Ausbildung von Lebenskompe-tenz setzt.

KOMPETENZEN, RESSOURCEN UND WERTE

LEBENSKOMPETENZ FÖRDERN
UND RESSOURCEN STÄRKEN,
UM HERAUSFORDERUNGEN ZU
BEWÄLTIGEN.

jlu: *Auf den Begriff Kompetenz aus Sicht der Positiven Pädagogik sind wir bereits eingegangen. Auch der Begriff Ressource ist schon einige Male gefallen. Allerdings ist mir die Unterscheidung noch nicht ganz klar: Sind Kompetenzen nicht auch Ressourcen? Und wenn ich z. B. an Ressourcen im Projektmanagement denke, dann ist da von Zeit, Personal oder Finanzen die Rede. Das meint Ihr ja sicherlich nicht, oder?*

efs: Hier kommt wieder der Begriff Lebenskompetenz ins Spiel. Lebenskompetenz meint den richtigen Umgang mit unseren Ressourcen. Dazu kann man alles zählen, was dazu beiträgt, damit das Leben gelingt. Kompetenzen disponieren diese Ressourcen, um Herausforderungen zu bewältigen. Das können ganz simple Alltagsprobleme oder hochkomplexe berufliche oder private Aufgabenstellungen sein, die gelöst werden können. Vorhandene Kompetenzen zeigen sich immer erst im Umgang mit der jeweiligen Situation. Die Kompetenz eines Autofahrers zeigt sich erst in der Gefahrensituation, in der er richtig reagiert. Manchmal ist es besser, auszuweichen statt zu bremsen, um nicht aufzufahren. Es reicht nicht zu wissen, dass das Fahrzeug durch Fußdruck auf ein Pedal abgebremst werden kann, man muss auch in der Lage sein, die Situation sekundenschnell einzuschätzen und die passende Entscheidung zu treffen. Das muss man in Realsituationen trainieren, das lernt man nicht durch kognitive Wissensvermittlung. Eine Führerscheinprüfung besteht deshalb aus einem theoretischen und einem praktischen Teil.

jlu: *(Lebens-)Kompetenzen versetzen mich also in die Lage, vorhandene Ressourcen zielführend einzusetzen. Was wäre ein adäquates Beispiel für die Unterscheidung von Kompetenz und Ressource im schulischen Kontext?*

oab: Ressourcen des Lehrers sind seine Ausbildung, sein fachliches Wissen, sein soziales Netzwerk, seine persönliche Fitness und vieles mehr. Nur wenn sein Wissen verbunden ist mit einer entsprechenden Haltung, dann wird er wirksam und überzeugend sein. Erst in seinem erfolgreichen pädagogischen Handeln, also in der Einheit von Wissen, Haltung und Handlung erweist sich seine Kompetenz. Und hier liegt ein Problem unserer Lehrerbildung, die zu wissenslastig ist und diese drei Bereiche nur unzureichend verbindet.

efs: Die Studierenden haben das längst erkannt und bemängeln dies vehement. Es wird höchste Zeit, dass wir in der Ausbildung ein Professionsverständnis vermitteln, wie ich es im Zusammenhang mit dem Glückslehrer Michael beschrieben habe.

jlu: Gibt es auch Ressourcen, die eher Ballast sind? Sollten wir in bestimmten Bereichen entrümpeln?

oab: Große Bereiche der traditionellen Schulpädagogik müssten wir loswerden. Das fängt ganz simpel an. Jeder Lehrer und jede Lehrerin kann sofort loslegen. Beginnen wir z. B. mit den Räumen, mit dieser überholten und nicht mehr zeitgemäßen Gestaltung.

jlu: Du meinst die Ressource »Klassenraum«, wie wir sie derzeit in 99 Prozent aller Schulen vorfinden, ist Ballast?

oab: Natürlich. Viele dieser Klassenzimmer verhindern das Lernen eher, als dass sie es begünstigen, also dieses frontal ausgerichtete Sitzen in rechteckigen, schlecht möblierten Räumen, das ja nach wie vor in den Schulen vorherrscht.

Aber auch das mentale Modell, das wir mit Unterricht verbinden, muss entrümpelt werden: Ich stehe als Pädagoge vor der Klasse und arbeite einen vorgefertigten Wissenskanon ab und die Schüler hören mir zu oder dürfen nur in einem engen Rahmen eigenständig handeln.

Eine Übung in meinen Lehrerfortbildungskursen ist sehr aufschlussreich: Da sollen die Teilnehmer den Klassenraum der Zukunft zeichnen. Das Ergebnis: Fast alle skizzieren eine Situation, in der sie vorn vor den Schülern stehen, abgegrenzt durch einen Tisch. Dann gibt es eine interaktive Tafel oder häufiger noch einen Overheadprojektor. Und davor sind dann die Schüler frontal aufgereiht. Und das Erstaunliche ist, dass in den Visionen der Zukunft des Klassenraums, die die Lehrer skizzieren, oft nur sechs bis maximal neun Schüler auftauchen – und die werden dann trotzdem vereinzelt vor die Lehrkanzel gesetzt. Lehrerinnen und Lehrer träumen von extrem kleinen Klassen, obwohl alle Forschungen zeigen, dass das – jedenfalls für den Lernerfolg – wenig oder nichts bringt. Selten kommt jemand auf die Idee, einen Kreis zu bilden oder variable Lernräume mit frei gestaltbarem Mobiliar zu denken.

Hier zeigt sich, dass das Entrümpeln bei den Schranken in den Köpfen beginnen muss. Der Mief von 150 Jahre altem Preußentum muss radikal rausgefegt werden. Wir müssen uns z. B. von dieser 45-Minuten-Schulstunde verabschieden, die – was wenige wissen – auf den Preußischen Kultusminister, August von Trott zu Solz, aus dem Jahr 1911 zurückgeht.

Wir müssen uns auch von der Idee der Konzentration auf abprüfbare Einzelleistungen verabschieden. Blicken wir ins Silicon Valley: Da wird kollaboriert, da wird vernetzt. In unseren Schulen bauen die Schüler mit ihren Büchern Sichtblenden auf, damit keiner abschreiben kann. In der Wirtschaft werden Begegnungsarchitekturen entwickelt mit Großraumbüros, Lounges, Ruhezonen, da wird über spielerische Formen der Potenzialentfaltung nachgedacht. In der Schule schließen sich die Klassen zum Unterrichten ein.

jlu: *Silicon Valley ist weit weg. Selbst wenn der einzelne Lehrer wollte, er kann ja nicht die Wände einreißen.*

oab: Ganz allein kann er das nicht, aber eine Schulleitung kann das in Kooperation mit dem Schulträger schon. Die Alemannenschule Wutöschingen war die erste Gemeinschaftsschule im Kreis Waldshut und im Rahmen der Gründung wurden im wahrsten Sinne des Wortes Mauern eingerissen. Klassenzimmer sind weitgehend verschwunden und wurden durch Lernateliers, Input-Räume und kooperative Lernbereiche ersetzt. Es wurde eine Rhythmisierung eingeführt, die auf die Bedürfnisse der Lernenden Rücksicht nimmt. Lehrer wurden zu Lernbegleitern und Schüler wurden zu Lernpartnern. Individualisiertes, kooperatives und reziprokes Lernen werden seit Langem kultiviert. In den Arbeitsfeldern Raum, Zeit, Schüler und Lehrer wurden zielgerichtet und auf Grundlage aktueller wissenschaftlicher Erkenntnisse Veränderungsprozesse eingeleitet.[8]

jlu: *Eine Ausnahmenschule, wenn auch mit Beispielcharakter ...*

oab: Auch wenn Veränderungen nicht so weitreichend realisiert werden, verschiedene Sitzarrangements, die sich an modernen didaktischen Methoden orientieren, lassen sich auch in traditionellen Klassenräumen umsetzen. Du kannst Vierertische zusammenstellen, du kannst einen Kreis machen, du kannst eine Kinosituation herstellen, du kannst Schüler auf dem Boden arbeiten lassen, du kannst zwei Tische übereinander stellen und eine Stehtischarchitektur machen. Was möglich ist, zeigen z. B. die Schuldirektoren Josef Watschinger und Josef Kühebacher, die in Südtirol neue Schularchitekturen und Unterrichtsarrangements entwickeln. Es gibt seit Langem auch die Futurum-Schule in Schweden, die sich vom Klassenraum zugunsten jahrgangsübergreifender Funktionszonen verabschiedet hat. Aus Sicht der Positiven Pädagogik ist

> Aus Sicht der Positiven Pädagogik ist es erschreckend, wie wenig Innovation in vielen Traditionsschulen zu finden ist.

es erschreckend, wie wenig Innovation in vielen Traditionsschulen zu finden ist. Der englische Schulreformer Ken Robinson spricht davon, dass das Fabrikmodell aus dem Zeitalter der Massenproduktion, das nach wie vor prägendes Vorbild der Mehrzahl unserer Schulen ist, sozusagen in den Genen öffentlicher Erziehung stecke. Und auch in unseren Zukunftswerkstätten bemerken wir in der Visionenphase, wie schwer es uns fällt, neue Bilder zeitgemäßer Lehr-/Lernumgebungen zu entwickeln.

jlu: Dein Ansatz: Versuche die bestmögliche Änderung im System. Denn Lehrer haben mehr Gestaltungsspielräume als sie glauben, die sie allerdings nicht nutzen, weil sie in ihren Mustern verhaftet sind. Die Fähigkeit zu entrümpeln ist also eine notwendige Kompetenz. Habt Ihr einen praktischen Tipp, wie ich mich im Entrümpeln üben kann?

oab: Die aus den sechziger Jahren stammende Zukunftswerkstatt des Zukunftsforschers Robert Jungk, die ich zu einem Instrument kreativer, beteiligungsorientierter Schulentwicklung weiterentwickelt habe, ist eine ausgezeichnete Möglichkeit, um innerhalb eines pädagogischen Tages Denkblockaden zu überwinden und Gestaltungsfantasie, ja Gestaltungslust freizusetzen. Es geht um den Dreischritt »Open Mind«, die Befreiung aus alten Routinen, »Open Heart«, die Besinnung auf das, was uns wirklich wichtig ist, und »Open Will«, die Freisetzung von Energie und Leidenschaft, um aus den Wünschen, Visionen bzw. Zukunftsbildern schrittweise Wirklichkeit werden zu lassen. Kolleginnen und Kollegen, die sich auf dieses Experiment einlassen, merken regelmäßig, dass – manchmal mit einfachen Mitteln – mehr möglich ist, als sie bislang vermutet hatten.

jlu: Wenn ich Euch richtig verstehe, lautet doch die wichtigste Frage »Was will ich wirklich?«, um dann die Kompetenzen zu entwickeln, meine Ressourcen für meine wirklichen Ziele einzusetzen.

efs: Genau darum geht es. Wir müssen unseren inneren Kompass finden, der uns leitet. Das ist das, was viele in unserer sinnbefreiten

Gesellschaft suchen, um wieder Halt zu finden. Dafür brauche ich aber eine in sich stimmige Werteordnung und ein intaktes Gewissen. Meine innere Stimme, die den ganzen Erfahrungsschatz abbildet. Für Viktor Frankl ist das Gewissen ein Sinnorgan, das als Kompass bei der Sinnsuche dient. Ein Aufbruch, ohne zu wissen, wo es hingeht, ohne Orientierung und Kompass, ergibt aus seiner Sicht keinen Sinn. Es lohnt sich also, bevor eine Richtung eingeschlagen wird, innezuhalten und sich zu fragen, wer ich bin und was mich ausmacht.

jlu: Das Gewissen als Sinnorgan, kannst Du mir ein Beispiel nennen, wie das praktisch funktioniert?

efs: Denk nur an die Vorstände einiger Großkonzerne, die sich selbst in Krisensituationen »Erfolgsprämien« genehmigen. Würden die ihr Gewissen befragen, würden Bonizahlungen im Interesse des Unternehmens und der Belegschaft sicherlich geringer ausgefallen.

jlu: Das Sinnorgan »Gewissen« ist mein Kompass bei der Beantwortung der Frage »Was brauche ich wirklich?«. Ich aktiviere es nicht über den Verstand, sondern indem ich in mich hineinspüre und horche, wie es sich anfühlt. Habe ich das richtig verstanden?

efs: Ja, es ist ein Gefühl, auf dem richtigen oder auf dem falschen Weg zu sein. Es ist eine Art von Intuition, die auch durch meist körperliche Reaktionen spürbar oder sichtbar wird, z. B. durch das Bauchgefühl oder die Gesichtsfarbe.

oab: Ich bevorzuge den Begriff »Berufung« als Sinnquelle für das eigene Handeln. In unserem Seminar »Beruf, Berufung, Professionalität«, das meine Frau Christel Schmieling-Burow entwickelt hat und mit großem Erfolg durchführt, versuchen wir, Lehramtsstudierende und Lehrerinnen und Lehrer dazu zu befähigen, herauszufinden, was ihre Berufung ist, also das, was sie innerlich antreibt und die Grundlage ihrer pädago-

> Wenn ich aber ein guter Lehrer sein will, muss ich wissen, was meine Berufung ist.

gischen Professionalität ist. Nach meiner Erfahrung haben die Wenigsten darüber nachgedacht. In ihrer späteren Berufspraxis führt das dann dazu, dass sie mehr oder minder nur Vorgaben erfüllen. Wenn ich aber ein guter Lehrer sein will, muss ich wissen, was meine Berufung ist.

efs: Lass mich noch einen Aspekt hinzufügen: Der Begründer der Positiven Psychologie, Martin Seligman hat mit Kollegen herausgefunden, dass Menschen, die ihre Stärken einsetzen und leben können, sich wesentlicher wohler fühlen und gesünder sind. Seligman greift dabei zum Teil auf die alte Tugendlehre zurück, die von sieben Kardinaltugenden ausgeht: Mäßigung, Gerechtigkeit, Tapferkeit, Weisheit und die drei von der Kirche hinzugefügten: Glaube, Liebe, Hoffnung. Diese sollten damals – vielleicht auch heute – allesamt behilflich sein, die wirklich wichtigen Werte zu realisieren. Die moderne Psychologie hat dann aus diesen sieben alten Tugenden sechs neue abgeleitet, die sehr ähnlich den alten sind: Weisheit und Wissen, Mut, Menschlichkeit, Gerechtigkeit, Mäßigung und Transzendenz. Aus diesen sechs Tugenden konnten wiederum 24 Charakterstärken abgeleitet werden. So gehören z. B. zur Tugend Weisheit und Wissen die Charakterstärken Kreativität, Weitsicht und Liebe zum Lernen. Zum Mut gehört z. B. Tapferkeit und Ausdauer. Wenn man mehr über Tugenden und Charakterstärken erfahren will, sollte man sich die Seite von Willibald Ruch, www.charakterstaerken.org, ansehen. Dort kann man mithilfe eines Tests, der etwa eine Stunde beansprucht, seine wichtigsten Charakterstärken herausfinden. Die weitreichende Forschungen der Positiven Psychologie und die empirischen Untersuchungen der Uni Zürich belegen, dass die täglichen Anforderungen und Charakterstärken zusammenpassen müssen, um sich wohlzufühlen.

jlu: Was hat das noch mit Schule zu tun?

oab: Die Förderung von Charakterstärken ist im Schulbereich unterentwickelt, dabei zeigen Untersuchungen, dass sie für den Schulerfolg wichtiger sind als Intelligenz.

efs: Stimmt, das ist das Problem. Wegen der überwiegend kognitiv-akademischen Ausrichtung auf die Erfüllung weitgehend fremdbestimmter Vorgaben kommt es auf die eigenen Stärken nur wenig an. Zu viele Lehrer und Schüler empfinden deshalb die Schule als sinnentleert, weil sie sich weder richtig erkannt fühlen noch ihre Stärken weiterentwickeln können. Die wirklich Persönlichkeit bildenden Fragen werden in der Schule zu wenig berücksichtigt. Für Charakterstärken gibt es ja auch keine Noten, dabei sind sie entscheidend für Lebens- und Berufserfolg. Genauso verhält es sich mit den Kompetenzen, hier geht es vor allem um Fach- und Methodenkompetenz und nur im geringen Umfang auch um personale Kompetenzen. Letztere bleiben weitestgehend außen vor. Auch deshalb, weil man sie nicht benoten kann. Über das Schulfach Glück habe ich diese wichtigen, aber fehlenden Bereiche quasi durch die Hintertür eingeführt.

> Die wirklich Persönlichkeit bildenden Fragen werden in der Schule zu wenig berücksichtigt.

jlu: Das heißt also, beim Entrümpeln geht es darum, Ressourcen zu finden, die ich schon habe und diese kompetent zu nutzen?

efs: Ja, zum Teil. Zuerst musst du deine eigenen Stärken erkennen. Ein Therapeut würde dazu »Resourcing« sagen. Und das zweite wäre dann »Acting«. Das heißt, dass du deine Stärken auch wirklich nutzen sollst. Angenommen deine wichtigsten Charakterstärken, sogenannte Signaturstärken, sind Neugier, Tatendrang, Freundlichkeit und vielleicht noch Humor und du arbeitest womöglich in einem großen Unternehmen als einfacher Buchhalter, lebst womöglich allein in einer anonymen Wohnsiedlung. Dann besagt »Acting«, dass du es in der Hand hast, etwas zu verändern, um dich wohler zu fühlen. Übrigens war ich selbst einmal Buchhalter. Ich habe mich damals sehr unwohl gefühlt und eine große Sehnsucht nach Veränderung gehabt. Ich habe mich bewusst für den Lehrerberuf entschieden, um der Sehnsucht nach Veränderung Gestalt und Raum zu geben und meine Stärken, meine Berufung leben zu können.

LEHRER BRAUCHEN VISIONEN

ES GEHT UM DIE ENTWICKLUNG EINER
SCHULE, DIE DIE VIELFALT UNSERER
POTENZIALE ANERKENNT UND FÖRDERT.

jlu: Olaf, in Deinen Schilderungen zur Zukunftswerkstatt ist bereits öfters der Begriff Visionen gefallen. Lehrerinnen und Lehrer brauchen also Visionen. Woher sollen sie diese nehmen? Wie war das bei Euch?

oab: Bei mir entstanden sie aus einem Widerspruch, der mich, seitdem ich als Kind die Schule besucht habe, irritiert: Lernen hat mir immer Freude gemacht. Ich war ein wissbegieriges Kind. Doch in der Schule hatte ich oft den Eindruck, dass das, was mich interessiert, keine Rolle spielt. Der Impuls, die Positive Pädagogik zu entwickeln, wurzelt ja letztendlich in meiner Schulzeit. Und zwar in der Schulzeit der 1960er Jahre in Baden-Württemberg.

Ursprünglich kommen meine Eltern und ich aus Berlin, mit einem für die damalige Zeit relativ aufgeklärten, guten Schulsystem. Vielleicht nicht so sehr leistungsorientiert, aber es war menschlich. Und dann kam ich nach Baden-Württemberg. Dort passierte es, dass ich mich im Matheunterricht verrechnet hatte, und dann sagte der Lehrer: »Burow, komm nach vorn, kriescht zwei Tatze!« Und ich hab ihn gar nicht verstanden, dieses Deutsch war mir nicht geläufig. Jedenfalls sollte ich die Finger hinhalten und dann hat er zweimal mit einem Rohrstock draufgehauen.

jlu: In dieser Beziehung hat sich Schule schon mal gewandelt, physische Gewalt wird nicht mehr angewandt.

> Meine Vision: die Schule nicht als Unterrichtsanstalt, sondern als Kreatives Feld.

oab: Sie ist zum Teil ersetzt worden durch einen überzogenen Leistungsdruck, an dem auch einige Eltern ihren Anteil haben. Aber meine Schulzeit war nicht nur negativ, denn es gab ja auch besagten Religionslehrer Pfarrer Wolfer. Seine Lehrerhaltung ist bis heute eine wichtige Quelle meiner Visionen einer anderen Schule. Beim Abiturententreffen, fast 30 Jahre später, waren wir uns einig: Während dieser dreiwöchigen Ferienfreizeiten sind für die meisten von uns die wirklich wichtigen Kompetenzen für das spätere Leben und unseren Beruf entwickelt worden. Das ist übrigens noch heute so: Die

Bedeutung des außerschulischen Bereichs wird unterschätzt und zu wenig genutzt.

Ich habe das, was wir in diesen Freizeiten erlebt haben, später als »Kreatives Feld« bezeichnet und gezeigt, wie solche Felder, die Neues hervorbringen, funktionieren. Und das ist zu meiner Vision geworden: die Schule nicht als Unterrichtsanstalt, sondern als Kreatives Feld.

jlu: *Wie funktioniert so ein Kreatives Feld?*

oab: Ein Kreatives Feld ist ein Ort, an dem du eine Struktur und einen Rahmen hast, die dazu einladen, dich zu erproben, wo du deine Potenziale entfaltest, wo du mit anderen synergetisch zusammenarbeiten kannst und wo du Neues entwickelst, etwas Kreatives gestaltest und nicht einfach nur Wissen reproduzierst. In der Schule war das überhaupt nicht gefragt. Wir haben damals 1968 eine Schülerzeitung gemacht, die professionell mit Composer erstellt war, während die Lehrer gar nicht wussten, was das ist. Wir haben sogar professionell Anzeigen akquiriert und Geld mit der Zeitung verdient. Vielleicht wäre ich Journalist geworden, wenn mich die Schule darin bestärkt hätte. Aber es hat damals keiner erkannt und gewürdigt, was wir draufhatten. Stattdessen mussten wir idiotische Besinnungsaufsätze schreiben.

efs: Weil der Lehrer nicht verstanden hat, wie er eure Talente und Stärken mit dem Deutschunterricht verbinden kann.

oab: Genau. Es hat ihn auch gar nicht interessiert. Damals wie heute geht es zu oft nur um die Erfüllung des Lehrplans. Ich bin viele Jahre später selbst Lehrer geworden und da musste ich erleben, dass die Mehrzahl der Schulen immer noch nach diesem antiquierten Modell laufen. Ich habe zunächst an einer Berliner Gesamtschule im sozialen Brennpunkt unterrichtet und schnell erkannt, dass vieles von dem, was wir den Schülern vermitteln sollten, völlig an ihren Bedürfnissen und ihrer Lebenswelt vorbei ging. Da wurde mir klar: Diese Berliner Gesamtschule, die die Schüler zu jeder Stunde nach vier Leistungstypen sortierte – FEGA (Fortgeschrittenen-, Erweiterungs-, Grund- und Aufbaukurs) hieß das damals –, ist für viele Schüler ungeeignet, weil sie zu wenig an ihre Lebenswelt anknüpft und Wissen vermittelt, das für sie nicht persönlich bedeutsam ist. In meiner Theorie des Kreativen Feldes habe ich gezeigt, dass wir nur dann unser Potenzial entfalten können, wenn wir die für uns passende Umgebungen finden oder gestalten. Für zu viele Schüler, insbesondere für die aus benachteiligten Schichten, ist eine einseitig kognitiv-akademisch orientierte Schule mit einem fremdbestimmten Curriculum nicht nur unpassend, sie schädigt sie sogar.

jlu: *Hast Du ein Positivbeispiel für mich, an dem deutlich wird, wie ein Kreatives Feld in der Schule entstehen kann?*

oab: Ich habe damals in meiner achten Klasse ein Schülerzeitungsprojekt gestartet. Es gab zu dieser Zeit eine Versorgungskrise in Polen und die Schüler kamen auf die Idee, Carepakete zu schicken. Doch woher sollten wir das Geld nehmen? Da ich ja als Schüler selbst eine Schülerzeitung geführt hatte, schlug ich ein entsprechendes Projekt vor, das meine Schüler begeistert aufnahmen. Je nach Neigung und Fähigkeit steuerten sie unterschiedliche Beiträge bei: Ein Schüler erwies sich als talentierter Comic-Zeichner und entwickelte eine tolle Geschichte und ansprechende Illustrationen. Ein Team verließ die Schule und besuchte Geschäftsleute in Neukölln, die eine Anzeige in unserer Zeitung schalten sollten. Innerhalb eines Schulvormittags hatten wir die sagenhafte Summe von 2 000 DM zusammen. Die Zeitung selbst verkauften wir an der Schule und hatten so zusammen mit den Anzeigenerlösen genug Geld für unsere Carepakete. Nebenbei hatten meine Schüler nicht nur eine Lektion in Selbstwirksamkeit und gesellschaftlichem Engagement absolviert, sondern auch gelernt, wie man eine Zeitung gründen, herstellen und damit sogar Geld verdienen kann. Solche Erfahrungen prägen einen fürs Leben und sie werden viel zu selten an unseren Schulen organisiert. Solche Projekte sind praktizierte Positive Pädagogik.

jlu: *Wie finde oder schaffe ich als Lehrer ein kreatives (Um-)Feld, wie Du es als Schüler im Zeitungsprojekt erlebt hast?*

oab: Ganz einfach: Indem ich mit den Schülern zusammen eine echte Herausforderung identifiziere, die ich in einem Projekt, das das Zusammenspiel unterschiedlicher Fähigkeiten erfordert, bewältige. »Vision« meint ja zunächst nichts anderes, als das Bild einer erwünschten Zukunft. Und wie sich in unseren Zukunftswerkstätten zeigt, macht es viel Freude, Zukunftsbilder bzw. Visionen zu entwickeln und Umsetzungspläne zu erarbeiten.

jlu: *Ernst, Du hast gesagt, dass Du Dich mit Deiner Vision bewusst für den Lehrerberuf entschieden hast. Wie kam das?*

efs: An die Schule und den Lehrerberuf dachte ich zunächst nicht, weil ich als Schüler ähnliche negative Erfahrungen wie Olaf gemacht hatte. Obwohl es damals Lehrer gab, die mir diesen Beruf vorschlugen, habe ich mir nie wirklich vorstellen können, Lehrer zu werden. Ich habe wegen meiner kaufmännischen Vorerfahrung eigentlich daran gedacht, da weiter zu machen, wo ich als Bilanzbuchhalter aufgehört habe. Ich habe deshalb fleißig VWL und Jura studiert, um ganz oben im Management anzukommen. Ausgerechnet das Studium der Wirtschaftswissenschaften hat mich aber stutzig gemacht. Geht es doch dort vor allem um Optimierung und das Funktionieren der Menschen zur Maximierung von Nutzen und Gewinnen. Durch meine positiven Erfahrungen als Nachhilfelehrer entdeckte ich, dass Unterrichten Spaß machen kann. Ich fand es toll, komplexe Sachverhalte zu vereinfachen. Irgendwie wuchs in mir der Gedanke: »Geh einen anderen, eher idealistischen Weg mit weniger Geld, aber mehr Freiheiten.« So entschied ich mich für das Referendariat im Schuldienst. Allerdings fand ich das anfangs zum Teil sehr öde und vor allem sehr antiquiert. Vieles erinnerte mich an meine eigene Schulzeit. Ich spielte deshalb damals mit dem Gedanken, wieder aufzuhören. Allerdings machte mir die Arbeit mit jungen Menschen richtig Freude. Um nicht aufzugeben und wieder frei durchatmen zu können, sagte ich mir: »Du musst den Laden selber schmeißen.« Und dann habe ich eine ziemlich steile, wenn man das so bezeichnen kann, Karriere in dieser Schule hingelegt. Zunächst war ich als Assessor mehr oder weniger in der Schulleitung, bin dann relativ schnell stellvertretender Schulleiter geworden und letztendlich Schulleiter.

jlu: Was war das für eine Schule?

efs: Das ist eine berufliche Schule. Dort habe ich schon in den 1980er Jahren angefangen, neue Modelle zu entwickeln. Ein Ziel, das mich damals antrieb, entstand aus der Einsicht, dass es an der Schule an Bildungsmöglichkeiten für multikulturelle Kompetenz fehlte, insbesondere im beruflichen Schulwesen. Ich regte Auslandsaufenthalte während der Lehrzeit an, sodass die Auszubildenden schon damals Multikulturalität mit auf den Weg bekamen. Ich habe viele Schulvereine gegründet, damit Schüler sich einbringen konnten, vom Schulbistro bis zur Detektei, um sie relativ früh mit der Praxis vertraut zu machen. Ein anderes Projekt hatte den Titel »Akademiker auf der Überholspur«. Einige Schüler sollten begleitend zur Schule schon das Studium beginnen. Die ehrgeizigen Schulabgänger hatten dadurch gleich das Vordiplom in der Tasche. Letztlich habe ich allerdings einsehen müssen, dass diese Schüler mit der verstärkten Ausrichtung auf Leistung andere wichtige Bereiche in ihrer Entwicklung vernachlässigten. Mir fiel auf, dass der verengte Blick auf Exzellenz, Qualifikationen und Wettbewerb die positiven zwischenmenschlichen Erfahrungen behindert. Eine starke Persönlichkeit braucht eben mehr als Durchsetzungskraft und Ausdauer. Um der Sache auf den Grund zu gehen, habe ich eine Ausbildung zum systemischen Therapeuten gemacht. Ich spürte zunehmend das Bedürfnis, diese Elemente, die ich in der dreijährigen Ausbildung erfahren habe, in die Schule einzubringen. Und das Ganze mündete dann in dem Wunsch, Persönlichkeitsentwicklung verstärkt in den Schulalltag zu integrieren.

jlu: *Und Fakultas in Ethik hast Du auch noch erworben.*

efs: Na ja, an unserer Schule fehlte ein Ethiklehrer, und weil es insgesamt wenig Ethiklehrer gab, konnte man durch zusätzliche Kurse Lehrbefähigung in diesem Fach erwerben. So habe ich mich 2003 dazu entschieden, die Ausbildung zu machen, und es nicht bereut. Denn die gewonnenen Erkenntnisse im Fach Ethik verbunden mit denen aus der therapeutischen Ausbildung waren entscheidend für die Umsetzung meiner zunächst noch vage formulierten Vision der Persönlichkeitsentwicklung. Außerdem ist mir bewusst geworden, dass es nicht darum gehen kann, Schule als Steigbügelhalter zur Realisierung wirtschaftlicher Interessen zu missbrauchen. Die einseitige Orientierung an Funktionalität ist meines Erachtens gänzlich ungeeignet, um intrinsisch motivierte Lernprozesse in Gang zu setzen. Funktionieren ist etwas, das häufig gar nicht mit den echten Bedürfnissen übereinstimmt. Also etwas, das zu inneren Widersprüchen führt und die Ausbildung von Kohärenz im Sinne Antonovskys und Konsistenz im Sinne Grawes verhindert. Mein Ziel war es, einen Ausweg aus dieser Misere zu finden, und das Schulfach Glück beschreibt eine wirksame Möglichkeit.

oab: Ja, Ernst, diese Kritik teile ich. Auch ich habe nach Auswegen aus einem formalisierten und entpersönlichten System gesucht. Ich bin dabei auf die Gestaltpädagogik gestoßen und habe viele Jahre an deren Weiterentwicklung gearbeitet.

jlu: *Gestaltpädagogik war modern in den 1970er Jahren, oder?*

oab: Die Gestaltpädagogik kommt von der Gestalttherapie. In den 1970er Jahren begannen engagierte Lehrerinnen und Lehrer, die positive Therapieerfahrungen gemacht hatten, darüber nachzudenken, wie man die Gestaltkonzepte für die Pädagogik fruchtbar machen kann. In der Gestalttherapie geht es ja darum, wie unsere Wahrnehmung organisiert ist, wie wir Gestalten bilden. Also wenn ich z. B. lauter unverbundene Striche zeichne, die kreisförmig angeordnet sind, würde man sagen: Das ist ein Kreis. Es ist aber kein Kreis, wir

61

schließen die Lücken und machen einen Kreis daraus, wir bilden eine Gestalt. So funktioniert unsere Wahrnehmung. Wir suchen immer nach Mustern, wir schließen die Lücken und konstruieren soziale Muster.

jlu: Und die Gestaltpädagogik nutzt die Suche nach Mustern für Lernprozesse?

oab: Ja, die Gestaltpädagogik zeigt, wie wir mehr Kontakt zu uns und anderen erreichen können, indem wir unsere Wahrnehmung schulen und erkennen, wie wir Muster bilden oder übernehmen und welche selbst konstruierten Muster unser Handeln leiten, ohne dass es uns normaler Weise bewusst ist. Schule verändert sich ja auch deshalb so wenig, weil wir in unseren alten Mustern verhaftet sind, die uns oft nicht bewusst sind. Die Veränderung von Schule ist nur möglich, wenn uns diese Muster, unsere mentalen Modelle bewusst werden. Ein Instrument für mehr Bewusstheit ist das Kontaktmodell, das sehr hilfreich ist für das Verstehen und die Organisation von Lehr-/ Lernprozessen.

jlu: Das Kontaktmodell unterstützt beim Unterrichten?

oab: Ja, indem es Lehrern zeigt, wie Lernprozesse gelingen. Es besteht aus vier Phasen. Die erste Phase ist der Vorkontakt. Ich sitze hier und überlege: Was will ich eigentlich machen? Ich nehme mich und meine Empfindungen in der aktuellen Situation wahr. Das heißt, wenn ich etwas bewusst lernen will, muss ich zunächst in der Situation ankommen. Dagegen verstoßen Lehrer häufig. Viele kommen in die Klasse rein und dann heißt es: »Schulbuch raus, Seite 12, …«, dabei sind die Schüler noch mit Konflikten aus der Pause beschäftigt. Ein Schlüsselbegriff in der Gestaltpädagogik lautet deshalb »awareness«, Bewusstheit für das, was in mir, mit mir und um mich herum geschieht. Bewusstheit für die jeweilige Situation, also z. B. für das Ankommen in der Unterrichtsstunde. Ein Gestaltpädagoge würde den Unterricht, wenn es nötig ist, Konzentration zu erreichen, mit einer

Übung beginnen, die dafür sorgt, dass die Schüler zur Ruhe kommen und mit ihrer Aufmerksamkeit voll präsent sind.

jlu: *Und wie kommt der Lehrer dann zu seinem Unterrichtsinhalt?*

oab: Das passiert in der zweiten Phase: Wenn ich erstmal in der Situation angekommen bin, mich spüre und den Raum um mich herum und seine Möglichkeiten wahrnehme, dann entsteht die Frage: Was will ich hier eigentlich? Ich muss mich also entscheiden. Das nennen Gestaltpädagogen die Kontaktnahme.

jlu: *Also geht es darum, die Schüler bei der Wahl des Themas zu beteiligen?*

oab: Genau, denn Selbstbestimmung ist Voraussetzung für persönlich bedeutsames Lernen. Wenn die Schülerinnen und Schüler bei der Themenwahl einbezogen, wenn sie vom Konsumenten zum Produzenten werden, dann ergibt sich quasi automatisch die dritte Phase: der Kontaktvollzug. Wenn ich also in der Situation angekommen und voll präsent bin, eine bewusste Entscheidung darüber getroffen habe, was ich lernen bzw. unternehmen will, dann gehe ich völlig im Lerngegenstand bzw. der Handlung auf. Wenn ich z. B. Klavier spiele, bin ich ganz Ohr, wenn ich ein Buch lese, merke ich gar nicht wie die Zeit vergeht. Dieses selbstvergessene Aufgehen im Lerngegenstand ist eine ideale Lernsituation, die schon Maria Montessori entdeckt hat. Sie sprach von der »Polarisation der Aufmerksamkeit« und der Psychologe Mihály Csíkszentmihályi spricht vom »Flow«, vom Lernen im Fluss.

> Selbstbestimmung ist Voraussetzung für persönlich bedeutsames Lernen.

jlu: *Du sprachst von vier Phasen …*

oab: Ja, die vierte Phase ist der Nachkontakt, die Wirkung des Kontaktprozesses auf mich. Ich habe etwas persönlich Bedeutsames gelernt und habe mich damit verändert. In der Gestaltpädagogik wird

63

Lernen also als Kontaktprozess begriffen, der nach diesen vier Phasen sowie auf den Ebenen Ich, Gruppe und Thema abläuft. Die Aufgabe des Lehrers ist es, eine dynamische Balance zwischen den Ebenen Ich (der Einzelne), Wir (die Gruppe) und Es (das Unterrichtsthema) zu erreichen.

jlu: Der achtsame Lehrer ist also eine Art Wächter der Balance?

oab: Genau. Ruth Cohn nannte das themenzentrierte Interaktion. Dabei gelten die Regeln »Störungen haben Vorrang« und »Be your own chairperson«, d. h. übernimm die Verantwortung für deinen Lernprozess. Diese vergleichsweise einfachen Konzepte haben sich nicht nur als äußerst wirksam für die Strukturierung wirksamer Lehr-/Lernprozesse erwiesen, sondern tragen auch zur Persönlichkeitsentwicklung von Lehrern und Schülern bei, etwas was Du, Ernst, ja mit dem Schulfach Glück erreichen möchtest. Insofern ergänzen sich unsere Perspektiven und Methoden.

jlu: Und wie steht das in Zusammenhang mit Deiner Vision von Schule?

oab: Das habe ich bereits 1981 in unserer Einführung in die Gestaltpädagogik unter dem programmatischen Titel »Lernziel: Menschlichkeit« beschrieben.[9] Es geht noch immer um die Entwicklung einer Schule mit menschlichem Maß, einer Schule, die die Vielfalt unserer Potenziale anerkennt und fördert.

efs: Lernziel Menschlichkeit, Olaf, das ist ja etwas, was auch ich mit dem Schulfach Glück anstrebe. In diesem Zusammenhang stellt sich die Frage, welche Kompetenzen und Ressourcen sollen vermittelt werden, damit die Vision einer menschlichen Schule wirklich erreicht wird. Da geht es um die Fragen: Wie ist mein inneres Team aufgestellt? Wie steht es um meine psychischen Grundbedürfnisse nach Autonomie, nach Sicherheit und Bindung und vor allem, wie finde ich Sinn in meinem Leben? Ich muss mich auf den Stand bringen, »mich selbstaktualisieren« würde der Psychologe sagen.

jlu: *Aber Druck wird doch zumeist von außen aufgebaut.*

efs: Der zweite Aspekt ist, dass ich lernen muss, mit mir und dem, was von außen kommt, entsprechend umzugehen. Ich muss also lernen, mich und meine Gefühle zu regulieren, mich zu motivieren oder auch beruhigen zu können. Um mit den inneren Anforderungen meiner Bedürfnisse und den externen Anforderungen von außen nicht aus den Fugen, also in ein Ungleichgewicht zu geraten, brauche ich einen inneren Architekten, der mir hilft, Sinnkonstruktionen aufzubauen. Der innere Architekt hilft mir dann vielleicht auch dabei, nicht in ein sinnentleertes Loch zu fallen oder, wie es Frankl sagen würde, nicht »existenziell frustriert zu werden«. Und Olaf führt diesen Ansatz weiter und ergänzt ihn, indem er sagt: »Es bedarf ja auch einer passenden Umgebung, einer Institution. Diese Institution muss die Bedürfnisse, die wir als Lehrer und Schüler haben, berücksichtigen und sie muss den Raum schaffen, damit diese Bedürfnisse gelebt werden können, sodass eine entsprechende Regulation und Sinnfindung in einem Kreativen Feld stattfindet.«

jlu: *Selbstregulation meiner Gefühle. Bei dir klingt das so einfach. Ist es nicht gerade die Frustration, die mich von meinen Visionen fernhält?*

efs: Nicht unbedingt, das Unwohlsein treibt mich auch dazu an, etwas zu verändern. Es kann mir auch Energie geben, statt mich zu bremsen, wenn ich an mich glaube.

oab: Aus meiner Perspektive geht es um die Frage: Was müssen wir Lehrer unseren Kindern geben, damit sie mit Freude lernen? Brauchen wir etwa diese Preußen-Kasernen? Da kann man sofort antworten: Nein! Brauchen wir rechteckige Räume mit Behördenfluren? Nein. Brauchen wir Gruppen, die frontal ausgerichtet sind? Nein. Kinder lernen in freien Umgebung unablässig. Forscher zum informellen Lernen, wie mein Kassler Kol-

> Wir erwerben bis zu 50 Prozent unseres Wissens und unserer Fähigkeiten ohne systematische Unterrichtung.

65

lege Bernd Overwien, behaupten, dass wir bis zu 50 Prozent unseres Wissens und unserer Fähigkeiten ohne systematische Unterrichtung erwerben. Sollten wir also, statt immer mehr zu verregeln, mehr Freiräume für selbstbestimmtes Lernen schaffen? Und organisieren sich viele Digital Natives diese Räume nicht längst selbst? Brauchen wir überhaupt die Institution Schule in ihrer tradierten Form noch?

jlu: Und wie lautet Deine Antwort auf die letzte Frage? Was ist Dein Zukunftsbild?

oab: Wir haben uns in den letzten zweihundert Jahren ein bestimmtes Bild von Schule geschaffen und noch immer glauben viele, dass Schule so sein muss. Doch neuere Untersuchungen zeigen: Das ist ein reiner Mythos.

Es gibt das berühmte Beispiel »A Hole in the Wall« von Sugata Mitra, das man sich bei ted.com anschauen kann.[10] Dieser indischstämmige Professor hat in einem abgelegenen indischen Dorf einen interaktiven Computerschirm in eine Mauer installiert. Gegenüber der Mauer hat er eine Kamera aufgestellt und sie ein halbes Jahr laufen lassen – ohne einzugreifen. Man muss sich darüber klar sein: Die Kinder des Dorfes waren Analphabeten. Sie verfügten über keinerlei Erfahrungen mit technischen Medien. Was haben sie also mit diesem merkwürdigen Gerät angefangen? Sie haben in diesem halben Jahr gelernt, den Computer zu programmieren, und zwar ohne Anleitung. Sie haben gelernt, mit einem Browser umzugehen, und sich nebenbei Englisch beigebracht, also die Kernvokabeln. Alles ohne Lehrer! Hier stellt sich die Frage: Wie ist das entstanden? Und Mitra hat eine Antwort gefunden: durch die Interaktion, die Synergie der Gruppe. Einer hat etwas probiert, dann hat der andere gesagt: »Nee, so nicht. Probieren wir es so.« Die Kinder des Dorfs haben also kollektiv und selbstgesteuert gelernt. Und Mitra stellt die Frage – angeregt durch sein Experiment –, ob nicht vieles von dem, wie wir uns heute Schule vorstellen, einfach nur Mythos ist. Nur weil wir es immer so gemacht haben, muss es nicht der einzig mögliche Weg sein. Vielleicht müssen wir Schule völlig neu denken, wie es der Altmeister der Pädagogik,

Hartmut von Hentig, formulieren würde. Das heißt also, eine wichtige, bisher zu wenig beachtete Quelle für Visionen einer Schule der Zukunft besteht in der Schaffung von schulfreien Räumen, in denen wir beobachten können, wie Kinder lernen.

PERSÖNLICHKEITSENTWICKLUNG
FÄNGT BEIM LEHRER AN

LEHRERINNEN UND LEHRER MÜSSEN
VOR ALLEM »ERMÖGLICHER« SEIN.

jlu: Bisher haben wir über Persönlichkeitsentwicklung, Potenzialentfaltung und Visionen recht allgemein gesprochen. Immer mit Blick auf die Schule. Nehmen wir nun die Profession des Lehrers und seiner Rolle im System Schule in den Fokus.

efs: Wir können die Lehrerrolle in den etablierten Fächern und im Schulfach Glück gegenüberstellen. Der Lehrer ist in den etablierten Fächern fachlich der Experte für die Lerninhalte und deren Vermittlung. Der Lehrer legt die ergebnisorientierte Zielperspektive fest; er hat die Lehrinhalte im »Rucksack« und packt sie im Unterricht aus. Das ist das klassische Muster, das Rucksackmuster.

jlu: Und was ist im Schulfach Glück anders?

efs: Der Lehrer ist hier der Experte für den Lernprozess, der Schüler ist der Experte für den persönlichen Bedeutungsinhalt. Der Lehrer stellt den prozessorientierten Rahmen für die Selbstbildung zur Verfügung, der Schüler überprüft, ob er die Lerninhalte anwenden kann. Dadurch werden sie zu Lebensinhalten. Das ist ein anderes Professionsverständnis. In unseren Aus- und Weiterbildungen beschreiben wir es so: Wir müssen weg vom produkt- bzw. ergebnisorientierten Lehren hin zum prozessorientierten Begleiten. Ich als Lehrer bin dann der Sherpa, der den Schüler zu seinem Ziel begleitet.

jlu: Ich stelle mir das Schulfach Glück als ein trojanisches Pferd vor. Denn aus dem Zitat von Tobias Rhode wurde ja schon deutlich, dass die Erfahrungen aus der Ausbildung für das Schulfach Glück nicht folgenlos für das Unterrichten anderer Fächer bleiben.

efs: Genau. Für das Fach Glück brauche ich einen ganz anderen Blickwinkel. Darum geht es eigentlich. Ich muss mich fragen, was ich mit diesem Beruf eigentlich erreichen will. Will ich besondere Qualifikationen erreichen? Will ich meinem Schulleiter gefallen? Will ich, dass es keinen Ärger in der Schule gibt? Oder bin ich auf den jungen Menschen ausgerichtet und möchte ihm dabei helfen, das, was ihm und was mir gleichzeitig wichtig ist, zu realisieren? Dann haben wir beide einen Benefit davon.

oab: Ich kann ein Beispiel aus meiner Zeit als Lehrer nennen: Ich habe in einem sozialen Brennpunkt eine achte Klasse in Berlin Neukölln unterrichtet. In dieser Klasse war ein Schüler, Michael. Ich war immer froh, wenn er weg war, weil er mir jeden Unterricht kaputt gemacht hat. Dann stand eine Klassenfahrt an und es war mein Albtraum, ihn mitzunehmen. Auf der Klassenfahrt kam Michael dann eines morgens um halb sechs zu mir und hat gefragt, ob er mit mir joggen darf. Dann hat er das Lagerfeuer organisiert und plötzlich war er ein toller Schüler. Er hat sich super entwickelt. Diese Erfahrung, dass er akzeptiert ist und durch seine Fähigkeiten, die im normalen Schulalltag vorher nicht sichtbar waren, zum Gelingen beitragen kann, hat dann auch sein Verhalten im Unterricht verändert.

jlu: Wenn Du sagst, er habe sich »super entwickelt«, meinst Du damit, dass er Teil der Gemeinschaft geworden ist und sich einbringen konnte?

oab: Ja. Und mir ist klar geworden, dass jemand mit einem Hintergrund wie Michaels in diesem System Schule immer schlecht aussieht. Der hat dort keine Chance. Die Schule hilft ihm nicht, sie wertet ihn ab. Schule konfiguriert ein bestimmtes Umfeld, in dem man nur bestimmte Stärken zeigen kann und in dem eben nur die, die daran angepasst sind, weiterkommen. Und deswegen verzerrt sie völlig das Bild. Ein Unterricht, der auf normierte Einzelleistung abzielt, behindert viele Kinder darin, zu zeigen, was sie in besser auf sie zugeschnittenen Umfeldern leisten könnten. In meinem Schülerzeitungsprojekt ging es beispielsweise nicht darum, dass alle die gleiche Leistung bringen, sondern dass jeder einen spezifischen Beitrag für das gemeinsame Produkt einbringt. Was wir heute brauchen, ist ein auf die Person und ihre Voraussetzungen zugeschnittenes Lehren bzw. Lernen.

> Was wir heute mehr denn je brauchen: auf die Person und ihre Voraussetzungen zugeschnittenes Lehren bzw. Lernen.

jlu: *Wie kann Schule sich zu einer Schule für alle wandeln?*

oab: Das ist die ungelöste Schlüsselfrage. In meiner Theorie des Kreativen Feldes habe ich ja anhand von Fallstudien gezeigt, dass viele kreative Leistungen nicht von überragenden Einzelpersonen, sondern von Teams geschaffen wurden, in denen vermeintliche Schulversager entscheidende Beiträge lieferten. Was einer kann, hängt in hohem Maße davon ab, dass er zur richtigen Zeit im richtigen Umfeld ist. So sind all die Heroen des Computerzeitalters, die wir heute bewundern, zwischen 1953 und 1956 in der Umgebung des Silicon Valley aufgewachsen. Was einer zu leisten imstande ist, ist immer auch ein Ergebnis spezifisch konfigurierter Felder. Unsere Frage ist, ob die tradierte Unterrichtsschule noch zeitgemäß ist – und ob eine zeitgemäße Schule nicht Keimzelle Kreativer Felder sein müsste.

jlu: *Für das Lehrer-Schüler-Verhältnis heißt das also: Schule muss ein Erfahrungsraum sein, in dem Schüler für sie relevante Projekte, sie berührende Projekte erleben können. Und der Lehrer soll dafür das Umfeld gestalten.*

efs: Das zentrale Thema ist: Wie kann der Lehrer Motivation fördern? Welche Aufgabe hat er im schulischen Kontext? Der Lehrer macht Angebote und die Schüler nehmen diese auf und fangen an, sie für sich zu klären, sie mit ihren psychischen Bedürfnissen in Einklang zu bringen. Das kann man auch als Werteorientierung bezeichnen. Das heißt also, für die Schüler wird das, was angeboten wird, wertvoll. Und die Aufgabe des Lehrers besteht einerseits darin, passende Angebote zu machen, aber zunehmend auch herausfordernde Umgebungen zu designen, und andererseits darin, als Begleiter aufzutreten und zu sagen: »Das schaffst du, ich kann dir Wege aufzeigen, wie du dahin kommst, wenn es dir wichtig ist.« Das ist die eigentliche Aufgabe des Pädagogen und nicht, nur zu sagen: »Das braucht man heutzutage, das muss man wissen. Das ist Abiturwissen, das ist PISA-relevant und das machen wir jetzt hier.«

oab: Genau, Ernst. Der Lehrer als Persönlichkeitsbildner. Und wie sieht die Wirklichkeit aus? Alle jubeln über John Hattie. Der hat

15 Jahre seines Lebens damit verbracht, 800 Meta-Analysen auszuwerten, die 50 000 Einzelstudien zusammenfassen, um herauszufinden, was in Schule wirklich wirkt. Ich sage manchmal bei Vorträgen: »Vergessen Sie Ihre Pädagogik der letzten 30 Jahre, denn da gibt es diesen Neuseeländer und der hat etwas rausgefunden, was Sie völlig überraschen wird. Was ist das Wichtigste beim Lernen?« Die Leute schauen mich dann fragend an und überlegen, was die neue Erkenntnis sein könnte. Und ich sage dann: »Das wichtigste beim Lernen ist laut Hattie der Lehrer, seine Persönlichkeit. Das hätten Sie nicht gedacht, oder?« Ich gebe zu, das ist ein wenig polemisch.

jlu: *Was ärgert Dich an Hattie?*

oab: Was mich ärgert, ist, dass die so hochgehypte empirische Bildungsforschung für jemanden, der seit über 40 Jahren in der Lehrerbildung tätig ist, fast nichts als Binsenweisheiten zu bieten hat, die im Übrigen der durchschnittlich informierte Laie auch durch Nachdenken anhand seiner eigenen Bildungserfahrungen herausfinden könnte. Aber was noch ärgerlicher ist: Diese Forschungen, die zum Teil bekannte Erfahrungen wissenschaftlich bestätigen, zeitigen kaum Konsequenzen für die Erneuerung von Lehrerbildung und Schule. Im Gegenteil: Seit PISA ist der Druck auf Lehrer und Schüler gestiegen, die Leistungsergebnisse haben sich aber nur unwesentlich verbessert. Deshalb ist Dein Ansatz, Ernst, durch das Schulfach Glück dazu anzuregen, darüber nachzudenken, was wirklich wichtig ist, so notwendig.

jlu: *Das heißt auch, die eigenen Schulerfahrungen zu reflektieren?*

oab: Jeder von uns hat doch die Erfahrung gemacht, dass es in der eigenen Schullaufbahn diese Lehrerpersönlichkeiten gab, die uns geprägt haben. Mit der Beschreibung meines Religionslehrers habe ich so einen begnadeten Pädagogen charakterisiert. Wir alle verfügen über solche Beispiele und auch Wissen darüber, wie Unterricht gelingt. Wissenschaftliche Studien können uns bestärken und unseren Horizont erweitern. Doch ebenso wichtig ist das Nutzen der Weisheit der Vielen. Die Positive Pädagogik setzt deshalb auf einen wertschätzenden Austausch über Gelingenserfahrungen im Rahmen von pädagogischen Tagen mit dem gesamten Schulkollegium, möglichst auch unter Einbeziehung von Eltern- und Schülervertretern. Der Philosoph Immanuel Kant hatte ja als Motto der Aufklärung die Forderung formuliert: Aufklärung ist Befreiung von selbstverschuldeter Unmündigkeit. In dieser Unmündigkeit werden Lehrerinnen und Lehrer zu oft durch zu enge Vorgaben der Schulbürokratie gehalten. Zwar jammern in unseren Seminaren viele über die einschränkenden Rahmenbedingungen, aber nur wenige sind bereit zum Widerstand. Insofern ist die Unmündigkeit in weiten Teilen auch selbst verschuldet. Dagegen hilft nur eine andere Formel Kants: Bediene dich deines Verstandes ohne Leitung durch andere.

> **Positive Pädagogik setzt deshalb auf einen wertschätzenden Austausch über Gelingenserfahrungen.**

jlu: Also ich höre bei Euch beiden eines ganz deutlich heraus: Den Schülern Vertrauen schenken, aber auch Vertrauen haben in mich selber als Lehrer, in meine Profession. Ich muss nicht 50 000 Studien analysieren, um zu wissen, worauf es ankommt. Allerdings muss ich wissen, was ich will.

efs: Lehrerinnen und Lehrer müssen vor allem »Ermöglicher« sein. Die Schüler sollen ihre individuelle Lernform kennen und lernen, wie sie sich selbst Wissen am besten aneignen. Bildung heißt doch vor allem, sich zu bilden. Sie sollen sich selbst Ziele setzen und herausfinden, wie viele Schritte sie von dem einen oder anderen Ziel entfernt sind. Sie sollen erkennen, welche Herausforderungen bestehen, ob sie sich ihnen stellen wollen und vor allem, welche Fähigkeiten sie sich noch aneignen müssen, um sich dem Ziel tatsächlich zu nähern. Dabei geht es nicht vorrangig um Noten, sondern um Erkenntnisse. Dazu gehört natürlich auch ein anderes Professionsverständnis, weg vom Lehrer als Faktenschleuder und Sozialtechniker hin zum Persönlichkeitsentwickler. Wir sollten dabei allerdings nicht vergessen, dass Persönlichkeitsentwicklung immer beim Lehrer selbst anfängt.

jlu: Aber Persönlichkeitsentwicklung ist doch ziemlich schwierig. Kann das überhaupt Aufgabe von Lehrerbildung sein? Und was bewirkt sie?

efs: Ich habe Lehrveranstaltungen durchgeführt, die von Prof. Ulrike Graf von der Universität Osnabrück evaluiert wurden. In ihrer Auswertung hat sie eine ganze Reihe positiver Veränderungen in Bezug auf die eigene Persönlichkeit der angehenden Lehrer und Lehrerinnen festgestellt, die den Kurs für das Schulfach Glück absolviert hatten. In ihrer qualitativen Studie hebt sie hervor, wie wichtig es den Lehramtsstudierenden gewesen sei, sich selbst zu betrachten und ich-bezogene Erkenntnisse zu gewinnen. Außerdem hat sie herausgefunden, dass es in meiner Veranstaltung in Osnabrück bei aller Ressourcenorientierung im Sinn des salutogenen Perspektivwechsels auf Gelingensaspekte und nicht um eine »rosa Brille« auf die Welt ging. Sie führt deshalb weiter aus: »Es wird das Spektrum z. B. personaler Aspekte erkannt, wohl aber eingebettet in eine Balance oder sogar eine Gewichtung in Richtung Stärken, so dass die Schwächen leichter eingestanden werden können. Bedeutsam waren auch die Erfahrungen der Studierenden in Bezug auf Gefühls- und Bedürfniswahrnehmung und -identifikation.«

jlu: Frau Graf hat also Einstellungen vor und nach dem Seminar erhoben und verglichen. Gab es Unterschiede?

efs: Na klar, Frau Graf beobachtete, dass durch den Kurs »... Vertrauen als Qualität des Beziehungsgeschehens und damit der Gruppenatmosphäre in den Blick gerückt ist«. Außerdem stellte sie fest: »Es ist die Tendenz erkennbar, dass die zukünftige Lehrkraft am Ende des Seminars jeweils stärker ihre Verantwortung sieht und gleichermaßen ihr Handlungspotenzial erkennt. So sehr pädagogische Ziele ihre Grenze in der Freiheit der zu Erziehenden haben, geht es entwicklungspsychologisch um die notwendige Vorleistung der pädagogischen Akteure.«

jlu: *Was Du schilderst, ist die Veränderung von Sichtweisen von Lehrern, ohne dass sich das System Schule zuvor verändert. Dass diese Lehrer dank ihrer neuen Sichtweise Schule verändern werden, ist allerdings zu erwarten. Sie haben die Kompetenzen erworben, den schulischen Klimawandel zu befördern. Ein Plädoyer für ein anderes Verständnis vom Lehrerberuf?*

efs: Sicher. Professionalität ist mehr, als nur viel zu wissen.

oab: Wenn wir über mögliche neue Lehrerrollen nachdenken, dann müssen wir uns zunächst klar machen, dass wir zu oft noch eine Verengung auf die akademisch orientierte Fachperspektive vorfinden, was auch an der einseitig ausgerichteten Lehrerbildung liegt. Dieser Fokus resultiert letztlich aus der Wissenschaftslogik des 17. bzw. 18. Jahrhunderts, der Zeit, als sich die Wissenschaften zu formieren begannen und alles in Kästchen sortiert wurde.

jlu: Was ist daran verwerflich?

oab: Ich will ein Beispiel geben. Ich war mit meiner Tochter vor einiger Zeit im Britischen Museum. Dort gibt es den »King Albert Room«, in dem das Wissen des 17. bzw. 18. Jahrhunderts in einem Raum versammelt ist. Alles in Schubladen, in Spiritus usw. Man muss schon sagen: Es war zweifellos ein Riesenfortschritt, das Wissen so zu systematisieren und in eine Fachlogik zu pressen. Nur leben wir nicht mehr im 18. Jahrhundert. Das »Brockhaus-Denken«, wie es Ulrich Weinberg, der Chef der School of Design Thinking des Potsdamer Hasso-Plattner-Instituts, nennt, passt nicht mehr in unsere Zeit. Heute geht es eher um Network-Thinking, vernetztes, fachübergreifendes, ja transdisziplinäres Denken, dem die starre Aufteilung in Unterrichtsfächer entgegensteht. Die neue Lehrerrolle, die auf umfassender Persönlichkeitsbildung beruht, erfordert auch einen Abschied von einer überzogenen Fachorientierung hin zur Ausbildung der Fähigkeit zu vernetztem Denken.

> Heute geht es eher um Network-Thinking, vernetztes, fachübergreifendes, ja transdisziplinäres Denken.

DURCH TEAM-FLOW ZU
WOHLBEFINDEN UND SPITZENLEISTUNG

ÜBERRAGENDE LEISTUNGEN GRÜNDEN
NICHT AUF DER LEISTUNG EINES
ISOLIERTEN GENIES, SONDERN STETS
AUF KREATIVEN MISCHUNGEN SICH
EINANDER ERGÄNZENDER PERSONEN.

jlu: *Bisher haben wir viel über den individuellen Perspektivenwechsel ge-*
sprochen, über Werte, Haltungen und Ressourcen. Plädiert Ihr dafür, ein
Team um sich zu scharen, um Schule zu verändern?

oab: Wandel ist immer das Ergebnis der Kollaboration von Perso-
nen mit unterschiedlichen Fähigkeiten. Wandel findet meist an den
Grenzen eines Systems statt. Man braucht dazu mutige Querdenker,
Grenzüberschreiter. Wenn ich Change-Prozesse fördern will, brauche
ich Unterstützer, die nicht nur fähig und bereit sind, neue Wege zu
gehen, sondern die auch in der Lage sind, Machtkanäle zu erschließen.
Es geht also darum, ein Kreatives Feld um mich herum zu schaffen.
Das Kreative Feld steuert sich über die gemeinsame Vision, über eine
Aufgabe, über irgendetwas, was ich gemeinsam mit anderen erreichen
will. Schulen sind auch deshalb so veränderungsresistent, weil sie von
der Philosophie »Jeder muss für sich allein kämpfen« dominiert werden. Noch immer sind Lehrer Einzelkämpfer und auch Schüler sind es,
sie müssen ja gegeneinander konkurrieren.

jlu: Damit arbeitet Schule also gegen die Erfordernisse einer modernen Gesellschaft …

oab: Vieles, was in der modernen Gesellschaft gefordert wird, z. B. Netzwerkdenken und Kollaboration, wird in der Schule sanktioniert, in gewisser Weise verhindert. Bei den Lehrern übrigens auch, von denen ja noch immer viele Angst davor haben, dass jemand in den Klassenraum guckt. Sie befürchten, dass jemand sieht, dass sie das nicht so richtig hinkriegen. Immer noch viel zu selten gibt es in Schule eine Kultur der Team- oder Gemeinschaftsarbeit. Wenn man aber produktive Prozesse betrachtet, kreative Prozesse, dann funktionieren die immer so, dass Leute eine Idee haben und dass diese Idee gemeinschaftlich, in einem Feld entwickelt und umgesetzt wird, in einem Feld von Unterstützern.

jlu: Du willst doch nicht bestreiten, dass es Genies gibt?

oab: In gewisser Weise doch. Überragende Leistungen gründen nicht auf der Leistung eines isolierten Genies, sondern stets auf kreativen Mischungen sich einander mit ihren Stärken und Schwächen ergänzender Personen. Bereits 1999 habe ich in meinem Buch »Die Individualisierungsfalle: Kreativität gibt es nur im Plural«[11] Beispiele beschrieben als Beleg dafür, dass Potenzialentfaltung des Einzelnen überhaupt erst möglich ist in einem entsprechenden Feld, in dem man Synergiepartner hat, die eigene Schwächen ausgleichen und Stärken erweitern.

jlu: Gibt es das aber nicht bereits, z. B. beim Kooperativen Lernen? Ist das nicht ein solcher Ansatz?

oab: Ja, das enthält durchaus Elemente. Aber es ist nur selten konsequent an den individuellen Stärken der Schüler ausgerichtet und zu wenig team- und produktorientiert. Hinterher müssen die Schüler oftmals eine Klassenarbeit schreiben, und die wird individuell bewertet. Das ist völlig kontraproduktiv.

jlu: *Gelernt wird kooperativ und bewertet individuell, darin siehst Du das Problem?*

oab: Letztlich steht der Schüler als Einzelner im Fokus der Bewertung. Es geht nicht um das gemeinsame Produkt, die Gemeinschaftsleistung. Die Orientierung, die ich in meiner Theorie des Kreativen Feldes vorschlage, ist aber das gemeinsame Produkt. Also, dass wir ein Schülerteam darin unterstützen, eine gemeinsame Vision zu entwickeln und umzusetzen. Dass sie ein Produkt entwickeln, eine innovative Aktion planen oder irgendwas in dieser Richtung. Und dann bringen sie ihre unterschiedlichen Fähigkeiten ein und am Schluss wird diese Gemeinschaftsleistung bewertet.

Meine These ist: Die Kompetenzen, die man heute braucht, um in einer wissensbasierten, disruptiven Gesellschaft zu arbeiten, bestehen vor allem darin, dass man genau dieses Zusammenarbeiten lernen muss. Und man muss lernen, die Schwächen auch als Andockpunkte zu sehen für Möglichkeiten, sich weiterzuentwickeln. Man muss sich von der Idee verabschieden, dass jeder alles allein machen muss.

jlu: *Lass uns doch mal schauen, wie Innovationen sich durchsetzen.*

oab: Malcolm Gladwell hat dazu geforscht und in seinem Buch »Tipping Point«[12] die wichtigsten Einsichten zusammengefasst. Was braucht es demnach?

Das erste ist: Du brauchst Kenner. Ernst und ich sind z. B. Kenner in unserem Gebiet, er für das Schulfach Glück und ich für Schul- und Organisationsentwicklung aus Sicht der Positiven Pädagogik. Kenner weisen sich durch ihre fachliche bzw. wissenschaftliche Kompetenz aus. Wenn wir Neues erreichen wollen, sind sie wichtig um der Verunsicherung, die mit dem Wandel einhergeht, entgegenzuwirken. Ihre Expertise nimmt uns die Angst, legitimiert unser Handeln gegenüber Behördenvertretern und Eltern und erlaubt uns, neue Schritte zu gehen.

Doch Kenner sind oft zu eng auf ihr Fachgebiet konzentriert und benutzen auch eine schwer verständliche Fachsprache, sodass es Ihnen schwerfällt, ausreichend viele Personen zu erreichen, um ihre Einsichten wirksam umzusetzen. Hierzu benötigt man zusätzlich Vernetzer. Das sind Personen wie Du, Jürgen, die einem breiteren Publikum über neue Erkenntnisse berichten, die Veranstaltungen organisieren und Netzwerker sind.

Und dann brauchst du noch Verpacker. Gladwell sagt, es gibt eine Methode, Sachen so zu verpacken, dass sie unwiderstehlich sind. Leider sind Pädagogen in der Regel schlechte Verpacker. Du, Ernst, bist eine Ausnahme, denn die Verpackung Deiner Ideen in Form des Schulfaches Glück und der entsprechenden Ausbildungen ist dir ausgezeichnet gelungen.

jlu: *Gibt es auch Menschen, die mehr oder minder die drei Aspekte auf sich vereinen?*

oab: Ja, aber das sind Ausnahmen. Im Bereich der Schulentwicklung haben bislang Kenner, Vernetzer und Verpacker zu wenig zusammengearbeitet. Wer also an seiner Schule etwas in Richtung gesunde, Glück ermöglichende Schule verändern möchte, sollte darüber nachdenken, wie er – ganz im Sinne meiner Theorie des Kreativen Feldes – engagierte Personen findet, die die drei Aspekte erfolgreicher Innovationen umsetzen können.

Aber das allein reicht nicht. Wenn du diese drei Aspekte abgedeckt hast, dann brauchst du eine überdurchschnittlich engagierte Person, die den Wandel authentisch lebt und die Aktivitäten bündelt. Ich nenne das den »Kristallisationskern« im Feld.

> Im Bereich der Schulentwicklung haben bislang Kenner, Vernetzer und Verpacker zu wenig zusammengearbeitet.

jlu: *Zum Beispiel?*

oab: Nelson Mandela war ein solcher Kristallisationskern. Er hat 28 Jahre in der Todeszelle gesessen und trotzdem an seiner Idee, Apartheid abzuschaffen, festgehalten. Er war gefangen und machtlos. Wie hat er es geschafft, trotzdem sein Ziel zu erreichen und darüber hinaus am Ende seines Lebens Präsident von Südafrika zu werden? Gladwell nennt einen weiteren Erfolgsfaktor: Das Prinzip der Gefühlsansteckung. Wenn jemand eine Vision, von deren Realisierung viele träumen, überzeugend lebt, dann werden viele Menschen von dieser Idee, die sich wie ein Virus verbreitet, angesteckt. Genau dies ist Mandela gelungen.

jlu: Kristallisationskern im Feld, wie entsteht so etwas und wie werde ich ein solcher bzw. wie finde ich ihn? Nehmen wir einmal an, ich habe mich bereits auf den Weg gemacht, ich sehe diese Vielfalt an Möglichkeiten. Wie kann ich diese Vielfalt produktiv für mich und für die Potenzialentfaltung meiner Schüler nutzen? Wie erschließe ich mir im Kreativen Feld neue Ressourcen?

oab: Wenn du herausgefunden hast, was dich wirklich antreibt, was deine Berufung ist, und wenn du das überzeugend lebst, dann bist du ansteckend. Erinnern wir uns an meinen Religionslehrer. Er war in der Lage, ein Feuer in uns Jugendlichen zu entzünden, das bis heute in vielen von uns brennt und das letztlich den Anstoß gab, die Positive Pädagogik zu entwickeln. Oder denken wir an Ernst. Ähnlich wie ich hatte er negative Schulerfahrungen gemacht, litt unter der Entseelung der Schule. Doch er hat nicht resigniert, sondern angefangen über mögliche Veränderungen nachzudenken, bis er das Schulfach Glück erfand und damit nicht nur viele Lehrerinnen und Lehrer ansteckte, sondern es auch schaffte, dass das Fach behördliche Anerkennung und Eingang in die Regelschule fand. Wenn du etwas findest, für das du brennst, und wenn es dir gelingt, Mitstreiter zu finden, dann kannst du fast alles erreichen.

jlu: *Wenn ich innerlich gefestigt bin, dann kann ich hergehen und mich an Veränderungen im und am System Schule wagen und mir dafür Verbündete suchen. Und dann bin ich z. B. bei der Positiven Pädagogik.*

oab: Das ist ein Kern, den wir übrigens auch durch wissenschaftliche Untersuchungen belegen können. So ist jüngst eine Analyse erschienen, in der in acht Ländern untersucht wurde, was entscheidend ist für den Aufbau innovativer Schulen. Es sind zwei Faktoren. Den ersten Faktor kann jeder Laie durch Beobachtung erkennen: Gute Schulen haben gute Schulleiter bzw. Schulleitungen. Mir fällt spontan Hans Oberhollenzer vom Lise-Meitner-Gymnasium in Böblingen ein. Als ich ihn traf, um eine Zukunftswerkstatt an seiner Schule vorzubereiten, merkte ich sofort an der Art unserer Begegnung, dass er verstand, seine Kollegen zu motivieren und seine Schule voranzubringen. Als am zweiten Tag unserer Zukunftswerkstatt, einem Samstag, von 80 Kolleginnen und Kollegen nur noch 35 anwesend waren, fürchtete ich schon um den Erfolg unserer Werkstatt. Doch Oberhollenzer blieb cool: »Die hier Anwesenden sind die Kollegen, die ich brauche, um weiterzukommen.« In meiner langjährigen Schulentwicklungsarbeit habe ich eine Reihe solcher Schulleiterinnen und Schulleiter kennengelernt, die sich als Kristallisationskerne im Feld erwiesen haben.

jlu: *Und der zweite Faktor?*

Oab: Erfolgreiche Schulen machen sich – soweit möglich – von den Rahmenbedingungen frei, beharren auf ihrem jeweiligen Anliegen und versuchen, es auch gegen Widerstände der Verwaltung umzusetzen, etwa indem sie sie einbeziehen und z. B. zur Teilnahme an der Zukunftswerkstatt einladen. Ich muss allerdings einräumen, dass die Studie zeigt, dass es in Schulsystemen, wie etwa den skandinavischen, die den Schulleitungen und Kollegien mehr Möglichkeiten zur Selbstbestimmung geben, also mehr Freiräume bieten, mehr erfolgreiche Schulen gibt. Die entscheidende Einsicht lautet: Lehrer und Schüler

> Lehrer und Schüler brauchen mehr Freiraum für Selbstbestimmung.

brauchen mehr Freiraum für Selbstbestimmung, mehr Gestaltungs-freiheit. Es kommt allerdings auch darauf an, dass und wie dieser Frei-raum genutzt wird.

jlu: Viele Lehrer beklagen ja auch, dass sie ihre Visionen nicht umsetzen können, weil die vorgegebenen Rahmenbedingungen sie zu sehr einengen.

oab: Mit diesem Einwand haben sie zweifellos Recht. In Deutschland ist zu viel verregelt. Andererseits zeigt uns die Schulqualitätsfor-schung, dass es unter gleichen Rahmenbedingungen sehr schlechte und sehr gute Schulen gibt. Es muss also noch einen anderen Faktor geben. Und dieser Faktor beruht auf der Kommunikation im Kollegi-um sowie auf dem individuellen Anteil. Man kann also ganz im Sinne des Liedermachers Wolf Biermann sagen: »Nehmt euch die Freiheit, sonst kommt sie nie!«[13]

jlu: Olaf, Du bist ja mit Deinen Zukunftswerkstätten in vielen verschiede-nen Schulen unterwegs. und wirst zu Lehrerfortbildungen eingeladen. Wie entstehen diese Impulse für Veränderung und wie sind dann die weiteren Schritte der Umsetzung im Team?

oab: Das läuft über Mund-zu-Mund-Propaganda oder über mei-ne Bücher, Artikel und Vorträge. Wenn ich meine Schulkritik vor 100 Schulleitern, Vertretern von Fortbildungsinstitutionen oder Schulleitungen vortrage, sind darunter mindestens zwei, bei denen das Moment der Gefühlsansteckung wirkt und die sagen: »Toll, ge-nau das brauchen wir! Können Sie nicht mal mit unserem Kollegium oder unserem Team eine Zukunftswerkstatt machen?« Ich nehme an, das ist bei Ernst so ähnlich. Viele von denen, die seine Bücher gelesen oder ihn persönlich erlebt haben, sind inspiriert und sagen sich: »So etwas könnte ich doch auch an meiner Schule umsetzen.« Offenbar formulieren wir mit unseren Ansätzen etwas, was sich viele wünschen: eine wertschätzende Schule, die weniger der Anpassung an vorgefasste Normen, sondern eher der Potenzialentfaltung und Erfüllung dient.

jlu: *Durch das Internet und die sozialen Netzwerke ist es heutzutage ja relativ einfach geworden, sich mit Gleichgesinnten auszutauschen. Wie ist Deine Erfahrung, Ernst, gibt es ein Netzwerk zum Unterrichtsfach Glück?*

efs: Die Vernetzung ist auf jeden Fall eine Chance, eben weil soziale Netzwerke relativ leicht zu kreieren sind. Für das Schulfach Glück gibt es auf unserer Homepage ein digitales Curriculum, das Teilnehmer unseres pädagogischen Netzwerkes per Link aufrufen können. Da stehen nicht nur Lehrinhalte bereit, sondern es werden auch alternative Übungen vorgeschlagen, um diese variabel zu vermitteln. Als Teilnehmer wählst du aus diesen Übungen also die aus, die zu dir und deinen Schülern passt, und kannst dir anschließend die Anleitung herunterladen. Nachdem du es im Unterricht erprobt hast, kannst du Korrekturen und neue Ideen über unserer Homepage an das Institutssekretariat senden, das es dann im Bedarfsfall einarbeitet. Das funktioniert so ähnlich wie bei Wikipedia. Du siehst, an dieser Stelle können Lehrerinnen und Lehrer ihre Ideen einbringen, sie können sich aber auch bedienen. Das ist ein freiheitliches System, das nicht gebunden ist an irgendwelche Erlaubnisse, Kurse oder Geld. Hier haben wir ein ganz dynamisches Modell, das einerseits die Qualität verbessert und andererseits das Netzwerk immer größer werden lässt. Und je größer das Netzwerk ist und je mehr Ergänzungen stattgefunden haben, desto einfacher wird nachher die Umsetzung.

jlu: *Gibt es bei der Umsetzung wegen der unterschiedlichen Auffassungen nicht riesige Probleme? Was wir ja vor allem erleben, ist doch die Zunahme von Heterogenität. Was ist da der Schlüssel?*

efs: Ich würde sagen Emergenz. Um Emergenz mit einem einfachen Satz zu erklären: Das Ganze ist mehr als die Summe seiner Teile. Wenn ich Menschen in einen Raum zusammenbringe, die wirklich Vertrauen zueinander haben und sich öffnen, dann kann das Emergenzprinzip funktionieren. Wenn ich misstrauische Lehrer in Weiterbildungen zusammenbringe oder misstrauische Schüler in Klassen zusammenfasse, dann werden die sich jeweils als ich-bezogenes einzelnes Element präsentieren, dann funktioniert das Prinzip natürlich nicht.

Schule als emergentes System zu verstehen bedeutet, dass man in diesen Raum die einzelnen Individualqualitäten einbringen kann, um neue Qualität zu schaffen und vielleicht ein Kreatives Feld anzustoßen. Dazu braucht es neben den gestandenen Lehrpersonen auch entsprechende Schülerpersönlichkeiten.

jlu: Alle ziehen an einem Strang.

efs: Das ist mir zu simpel. Es geht mehr um einen bestimmten Rhythmus, um Resonanz. Das Gegenbeispiel wäre der Lehrer im Sinne des Paukers, der sagt: »Und wenn ihr das jetzt heute nicht versteht, dann habt ihr eben Pech. Dann seid ihr entweder zu faul oder zu blöd. Und deswegen gehe ich jetzt raus und spiele Tennis.«

Wenn das der Lehrer so macht – und so verhalten sich zu viele – dann kann keine Emergenz entstehen, keine Rhythmisierung, kein Vertrauen. Dann hat niemand in der Klasse Lust, Verantwortung zu übernehmen. Die Schüler denken in diesem Fall: »Dann mach du doch deinen Sch... alleine, du bist ja schließlich für den Unterricht verantwortlich. Wenn wir alle nur blöd sind, dann machen wir nichts.« Und dann sagt der Lehrer: »Macht mir auch nichts, dann bete ich mein Zeug runter. Dann habe ich meine Pflicht erfüllt und dann kann ich dem Schulleiter und der Schulbehörde nachweisen, dass ich meine Pflichten erfüllt habe, und kann dokumentieren: Es lag an euch.«

jlu: Schule als Raum, in dem etwas Neues gemeinsam entsteht, braucht Rhythmisierung und nicht Taktung. Kann man es so formulieren?

oab: Der Möglichkeitsraum zur Rhythmisierung ist in Schule gegeben, aber durch die starre Zeitstruktur, z. B. die Taktung in 45 Minuten, oder durch streng abgegrenzte Fächer wird er beschränkt. Aber natürlich auch durch fehlende Veränderungsbereitschaft und den Mangel an Fantasie bei zu vielen Lehrern und Schulleitungen.

jlu: *Und ein weiterer Grund ist die Verregelung, wie Olaf es nennt? Die zu rigide Leistungsorientierung, Leistungsbewertung ...*

efs: Wir haben ja anfangs über die verschiedenen Selbstwertfacetten gesprochen. In der Schule wirkt besonders die Selbstwertfacette der Leistungskontingenz. Ich definiere mich über meine Leistungen. Wenn ich nun die Leistung gar nicht oder in einzelnen Fächern nicht bringe, dann erkläre ich mich sozusagen zum Verlierer und leide darunter, bis hin zur depressiven Stimmung – weil meine Selbstwertschätzung zu stark an der Leistung orientiert ist. Dabei gibt es so viele Persönlichkeitsaspekte, die Selbstachtung verdienen. Allerdings muss ich sie kennen und gelernt haben, sie zu schätzen. Schule und Schulnoten sind eben nicht alles, obwohl viele Lehrer und Eltern so tun, als wären sie das Wichtigste für junge Menschen. Dabei geht es doch vielmehr darum, sich und seine Möglichkeiten zu erkennen. Das bedeutet, dass Schule zu einem Resonanzraum wird, wie es Hartmut Rosa formuliert, der uns Rückmeldungen über unser Tun gibt.

oab: Ja, das führt uns zurück zu dem, was der Design-Thinker Weinberg wunderbar beschreibt, was aber auch nicht neu ist: dass wir uns verabschieden müssen vom Kästchendenken und von der Einzelleistung, von der zu starken Ausrichtung auf die Bewertung der Einzelleistung. Hin zu Team-Arbeit, »Team-Flow«, wie ich es in meinem Buch (2015) beschreibe, oder auch »Kollaboration«, wie das Zauberwort auf Neuhochdeutsch heißt. Immer häufiger geht es darum, verteiltes Wissen zusammenzubringen, fächerübergreifend zu denken, verschiedene Zugangsweisen zu vernetzen, gemeinsam proaktiv zu gestalten, anstatt sich nur zu beklagen.

jlu: *»Vielfalt lässt sich nur durch Vielfalt kontrollieren.« Das Zitat stammt von W. Ross Ashby, und obwohl es Mitte der 1970er Jahre datiert, finde ich es brandaktuell.*

oab: Design-Thinker setzen in ihren Workshops zur Erfindung von Neuem, ähnlich wie ich in meinen Zukunftswerkstätten, auf die krea-

89

tive Mischung. Das Neue findet an den Fachgrenzen statt. Wir brauchen mehr Diversity. Bei den Schülern haben wir sie schon, aber bei den Lehrkräften zu wenig. Vielleicht müssen wir die Schule der Zukunft stärker für unterschiedliche Professionen öffnen, für Handwerker, Philosophen und Querdenker. Wir müssen Abschied nehmen von der fabrikmäßig organisierten Fließbandpädagogik des Zeitalters der Massenproduktion. Wir brauchen weniger Uniformität und Standardisierung und mehr unverwechselbare Originalität. Und das bedeutet z. B. einen Abschied vom Zentralabitur. 80 Prozent der Bevölkerung und übrigens auch die Mehrheit der Politiker sind nach wie vor dafür, Zentralabitur zu machen, aber Zentralabitur ist aus Sicht der Positiven Pädagogik ein falsches Ziel ...

> **Vielleicht müssen wir die Schule der Zukunft stärker für unterschiedliche Professionen öffnen.**

jlu: ... wo wir doch alle ganz unterschiedlich sind.

oab: Polemisch ausgedrückt: Das Zentralabitur ist totaler Schwachsinn. Warum sollen denn alle das Gleiche wissen? Im Zeitalter der globalisierten, digitalisierten, arbeitsteilig organisierten Weltgesellschaft ist es doch der falsche Weg, wenn ich versuche, so wie alle zu sein. Viel wichtiger ist es, dass ich mein Alleinstellungsmerkmal finde, mein Element. Das, was mich unverwechselbar und besonders macht.

Ich sehe die verhängnisvollen Wirkungen einer gleichmacherischen Schulpraxis bei meiner älteren Tochter, die sich auf das Abitur vorbereitet. Sie ist zeichnerisch, künstlerisch sehr begabt und hat auch ein sehr gutes Gefühl für Sprache und Literatur. Wenn sie in diesen Bereichen gezielt gefördert würde, könnte Sensationelles entstehen. Doch womit vergeudet sie ihre Zeit? Von morgens bis abends Nachhilfe in Mathe. Wissen, das sie nie brauchen wird, das sie alles vergessen wird. Statt dass sie eine gezielte Förderung in ihrem Element bekommt und angeleitet wird, dieses kreativ im Gestaltungsteam weiterzuentwickeln, muss sie schlechtem Mathematikunterricht folgen, der sie weder interessiert noch berührt. Übrigens: Wie man das anders machen kann, zeigt gerade Margret Rasfeld, die ehemalige Schulleiterin der Evangelischen Schule Berlin Zentrum, die das »Projekt Verantwortung« entwickelt hat, in dem ihre Schüler im Team eine selbstgewählte Herausforderung weitgehend selbstständig bearbeiten.

jlu: Wenn der Maßstab für den Erfolg von Schule nicht mehr das Gleichheitsprinzip ist – alle Schulabgänger mit demselben Schulabschluss verfügen über dasselbe Wissen und das Zeugnis drückt im Notenspiegel lediglich die Differenz zum Maximalwissen aus – wie kann ein Rahmen aussehen, der mit dem Muster Sollwert/Istwert bricht?

efs: Indem die Schule den Rahmen fundamentaler setzt. Eine wirkliche Schule für das Leben wäre eine Schule, die uns die wichtigen Werte in Aktion erlebbar macht und uns darin unterstützt, dabei Freude zu erfahren. Wie wollen wir unsere Kinder von nachhaltiger Produktion und nachhaltigen Lebensformen überzeugen, wenn sie es nicht selbst als wohltuend empfinden und schon in der Schule lernen, wie sie selbst etwas dazu beitragen können. Im Bildungsplan von Baden-Württemberg steht, dass jede Schule sich daran messen lassen muss, wie sehr sie Freude am Leben und Lernen vermittelt. Wenn man das ernst nimmt, braucht es einigen innovativen Mut zur Veränderung. Die Positive Pädagogik versucht genau diesen Weg zu gehen.

WIE WIR DIE ZUKUNFT UNSERER SCHULE GESTALTEN KÖNNEN

DIE BEACHTUNG VON
DREI MAL DREI PRINZIPIEN
ERHÖHT DIE WAHRSCHEINLICHKEIT,
DASS WIR WOHLBEFINDEN,
ENGAGEMENT UND SPITZENLEISTUNGEN
IN DER SCHULE ERREICHEN.

jlu: *Olaf, Du hast den sogenannten Leadership-Kompass entwickelt, ein Instrument, das zeigt, mit welcher Haltung und mit welcher Orientierung man zum Aufbau einer wertschätzenden Schule beitragen kann. Was habe ich mir darunter vorzustellen?*

oab: Als Ergebnis von über 40 Jahren intensiven Befassens mit dieser Thematik aus wissenschaftlicher und praktischer Perspektive bin ich zu der Auffassung gelangt, dass die Beachtung von drei mal drei Prinzipien die Wahrscheinlichkeit erhöht, dass wir Wohlbefinden, Engagement und Spitzenleistungen in Schule erreichen. Da es in Schule ja um pädagogische Führung geht, bezeichne ich dieses System der Drei-mal-Drei als »Leadership-Kompass«.

jlu: *Das klingt als könne mir der Leadership-Kompass Orientierung in einer zunehmend komplexen Welt geben und mich in die Lage versetzen, zu führen statt geführt zu werden.*

oab: Und das beste: Jeder, der diesen Leadership-Kompass betrachtet, kann sich sofort daran machen, ihn umzusetzen, mit positiven Folgen nicht nur für die Schule, sondern auch für sein persönliches Glück.

Ein Ausgangspunkt ist eine Analyse von Konzepten der Schulentwicklung, die sich letztlich an drei Zielen orientieren, die ich bereits eingangs erwähnt habe: Chancengleichheit bzw. -gerechtigkeit, Exzellenz bzw. Spitzenleistung und Wohlbefinden. Von Chancengleichheit sind wir mehr denn je entfernt. Und auch im Hinblick auf Spitzenleistung bleiben wir wie gesagt weit unter unseren Möglichkeiten. Und was die dritte Ebene, Wohlbefinden, angeht: Auch bei den Schülern sprechen Experten mittlerweile von »Burnout-Kids«: Demnach leiden bis zu 25 Prozent unter hohen Belastungen und schon Grundschüler weisen das klinische Bild der Erschöpfungsdepression auf.

jlu: *Und was kann man aus Sicht der Positiven Pädagogik dagegen tun?*

oab: Das ist die entscheidende Frage: Wo ist in dieser Trias der Ansatzpunkt? Betrachten wir die erste Ebene: Bei der Chancengerechtigkeit ist wenig zu machen, unter anderem weil konservative Bildungsbürger auf Auslese bestehen und verhindern, dass das Gymnasium seine Spitzenstellung verliert. Der Darmstädter Elitenforscher Hartmann vertritt die These: Ohne Verteilungsgerechtigkeit keine Chancengerechtigkeit. Wenn dem so ist – und vieles deutet darauf hin –, dann haben Pädagogen hier nur wenige Einflussmöglichkeiten, zumal in einer Gesellschaft, in der der Gegensatz zwischen Arm und Reich beständig zunimmt.

Nun zur zweiten Ebene, der Frage nach Spitzenleistungen. Auch da sind die Einwirkungsmöglichkeiten begrenzt. Ketzerisch gesprochen könnte man fragen, welchen Beitrag Schule überhaupt zu Spitzenleistungen leistet. Wie Untersuchungen zeigen, erzielen viele Kinder mit entsprechender sozialer Herkunft Spitzenleistungen – nicht wegen, sondern trotz Schule.

Auf der dritte Ebene aber, beim Wohlbefinden, da können Lehrerinnen und Lehrer sofort etwas machen. Kolleginnen und Kollegen können zusammen mit der Schulleitung für ein angenehmes Schulklima sorgen. Sie können an der Entwicklung einer gesundheitsförderlichen Schule arbeiten und z. B. auch das Schulfach Glück einführen. Sie können mehr positive Rückmeldungen an ihre Schüler und Kollegen geben und damit, wie Barbara Fredrickson in ihrem Buch »Die Macht der guten Gefühle« gezeigt hat, das Wohlbefinden insgesamt steigern.[14] Das Beste daran: Wenn sich die Mitglieder einer Schule besser fühlen, denn verbessern sich auch ihre Leistungen.

jlu: *Das hört sich gut an. Was braucht denn gute Schule wirklich?*

efs: Mehr Selbstbildung als Schulbildung. Also Persönlichkeitsentwicklung bei allen Beteiligten, die mit Schule zu tun haben.

oab: Und genau dafür habe ich mein Konzept der magischen Drei-mal-Drei entwickelt (Abb. 1). Es beruht auf den Grundlagen von Salutogenese, Selbstbestimmungstheorie und Wertschätzender Schul- bzw. Organisationsentwicklung. Der erste Zugang zur guten Schule ist die Salutogenese nach Antonovsky, die ich bereits beschrieben habe. Er hatte ja untersucht, was Personen auszeichnet, die unter Stressbedingungen nicht krank, sondern bisweilen sogar stärker werden. Die Untersuchungen zeigen: Gesundheitsgefährdet sind eher Lehrer, die sich schonen. Wer sich mit seinem Beruf identifiziert, Freude hat an der Unterrichtstätigkeit und sich in der Schulentwicklung angemessen engagiert, ist weniger burnoutgefährdet. Die überraschende Einsicht lautet, dass Stresssituationen sogar gesundheitsförderlich sein können. Die Voraussetzung ist allerdings, dass die Herausforderungen verstehbar, bedeutsam und handhabbar sind.

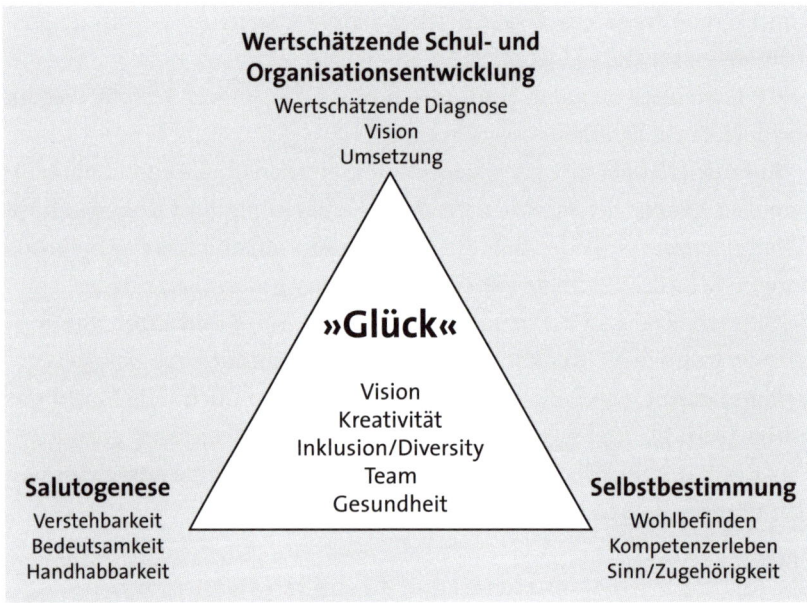

Abb. 1: Die magischen 3 × 3

jlu: *Dieser Dreisprung von verstehbar, bedeutsam und handhabbar ist also für den Lehrer die Grundlage für persönliches Wohlbefinden und die Leitlinie für seine Profession als Lernbegleiter.*

oab: Um ein Beispiel zu geben: Wenn der Matheunterricht meiner Tochter verstehbar wäre, dann ginge es ihr gut. Wenn sie wüsste, wozu sie bestimmte Dinge lernen muss, wäre sie super drauf. Und wenn sie drittens das handhaben könnte, dann ginge es ihr gut, dann hätte sie ein Gefühl von Kohärenz. Vieles in Schule ist sowohl für Schüler als auch für Lehrer weder verstehbar noch bedeutsam, noch handhabbar. Deshalb ist ein Schlüssel zur guten und gesunden Schule salutogene Führung bzw. Wertschätzende Schulleitung, wie ich sie in meinem letzten Buch (2016) beschrieben habe.

jlu: Die Salutogenese bildet mit der Selbstbestimmung die Basis Deines Modells. Dein Dreisprung dazu lautet: Wohlbefinden, Kompetenzerleben und Sinn/Zugehörigkeit.

oab: Die zweite Ebene basiert auf der Selbstbestimmungstheorie von Edward L. Deci und Richard M. Ryan. Demnach erreichen wir immer dann unser höchstes Potenzial, wenn wir uns einer Herausforderung stellen, die wir selbstbestimmt wählen. Schule ist aus dieser Perspektive in weiten Teilen zu oft ein Zwangssystem. In Schule muss man sich ständig mit Gegenständen auseinandersetzen oder Dinge machen, die einen nicht interessieren und die für den eigenen Weg nichts bringen. Zur Verdeutlichung erzähle ich oft ein Erlebnis, das ich mit meiner jüngeren Tochter hatte. Als guter Bildungsbürger habe ich sie natürlich früh in einer Musikschule angemeldet, damit sie Klavier lernt. Zwei Jahre haben wir sie trotz großer Widerstände ihrerseits hingeschleppt, aber sie wollte partout nichts lernen. Eines Tages sagte sie unvermittelt: »Papa, kauf mir ein Einrad.« Da wir schon ziemlich viel unbenutztes Spielzeug hatten, war ich zögerlich, doch sie setzte sich durch. Nach einigen gescheiterten Versuchen lag das Einrad, wie ich es befürchtet hatte, in der Ecke. Ein Vierteljahr später allerdings präsentierte sie mir stolz ihre Fortschritte. Sie hatte mich gebeten, zwei Bierbänke aufzustellen mit deren Hilfe sie stundenlang übte, bis sie die Sache plötzlich beherrschte. Aus eigener Initiative ist sie dann einer Artistengruppe beigetreten und mittlerweile tritt sie im Zirkus Rambazotti vor einem großen Publikum auf.

jlu: Und was zeigt uns dieses Beispiel in Hinblick auf die Entwicklung einer guten Schule bzw. gelingenden Unterrichts?

oab: Das ist die Frage, denn die Angelegenheit stellt mich vor ein Rätsel. Warum hatte sie bei einem ausgezeichneten Musiklehrer, für den ich viel bezahlen musste, nichts gelernt und warum konnte sie sich das Einradfahren selbst beibringen? Wenn ich die Geschichte vor Publikum erzähle, dann bringe ich oft einen Running Gag: Die Antwort ist, dass sie als typisches Professorenkind heimlich in meiner Bibliothek die Selbstbestimmungstheorie von Deci und Ryan gelesen hat. Anders kann ich es mir nicht erklären. Deci und Ryan haben nämlich nachgewiesen, dass höchste Lernintensität entsteht, wenn wir uns einen Lerngegenstand selbst auswählen und selbstbestimmt lernen. Dann entstehen Kompetenzerleben und die Erfahrung von Sinn bzw. Zugehörigkeit wie von selbst. Wenn wir also gute Schule machen wollen, dann müssen wir dafür sorgen, dass altersgemäß und aufgabenbezogen der Bereich für Selbstbestimmung erweitert wird.

jlu: *Für die Bereiche Salutogenese und Selbstbestimmung gibt es persönlichen Handlungsspielraum. Beim dritten Bereich, der Wertschätzenden Schul- und Organisationsentwicklung, ist die Schulleitung gefragt, oder?*

oab: Wie ich bereits ausgeführt habe, ist die Schule bislang zu selten eine wertschätzende Einrichtung. Von Abwertungsprozessen sind Schüler ebenso wie Lehrer betroffen, etwa wenn sie von der Schulinspektion negativ beurteilt werden. Abwertung führt zu Demotivation, mindert Engagement und reduziert Leistungsbereitschaft. Auch hier bietet der Ansatz der Positiven Pädagogik eine wirksame Alternative. So beginne ich, um ein Beispiel zu geben, meine Zukunftswerkstätten an Schulen mit einer wertschätzenden Befragung. Ich teile den Kollegen zu Beginn mit, dass ich sie für ausgezeichnete Pädagogen halte. Denn sie alle verfügen über ein Vielzahl von Beispielen gelingenden Unterrichts, die wir uns dann mit dem Verfahren der Wertschätzenden Befragung näher anschauen. Zunächst soll sich jeder an eine Situation erinnern, in der Schule bzw. Unterricht gelungen ist, eine Situation, von der sie sagen, davon soll-

> Abwertung führt zu Demotivation, mindert Engagement und reduziert Leistungsbereitschaft.

ten wir mehr haben. Die Teilnehmer erhalten hierzu ein Blatt mit drei Kästchen. In das linke obere Kästchen sollen sie ein Symbol für die Gelingenssituation skizzieren, in den rechten Kasten ein Wort oder einen Slogan, das/der den besonderen Gehalt dieser Gelingenssituation auf den Punkt bringt. In den unteren Kasten schließlich sollen sie in Spiegelstrichen diejenigen Kernelemente eintragen, die zum besonderen Charakter bzw. zum Erfolg der Situation beigetragen haben.

jlu: Diese Übung kann ich doch durchaus auch individuell für mich machen, unabhängig von einer Zukunftswerkstatt ...

oab: Ja. In der Zukunftswerkstatt begegnen sich die Kolleginnen und Kollegen danach allerdings auf dem »Markplatz«, zeigen sich ihre Symbole und bilden nach ähnlichen oder sie interessierenden Motiven Kleingruppen. In diesen Gruppen erzählt dann jeder seine Erfolgsgeschichte, sie einigen sich auf drei gemeinsam geteilte Erfolgsprinzipien und wählen eine Geschichte für den Vortrag im Plenum aus. Auf diese Weise erhalten wir in 15 Minuten bis zu 120 Erfolgsgeschichten und die Stimmung im Kollegium ist durch Stolz und freudige Erwartung geprägt. Im Anschluss an die Gruppenpräsentationen clustern wird die Erfolgsprinzipien, die das versammelte Wissen der Kolleginnen und Kollegen wiedergeben.

Nun sind diese Erfolgssituationen natürlich Highlights und beschreiben nicht den normalen Alltag. Deshalb schließt sich eine Visionenphase, eine Zeitreise in eine mögliche Zukunft der Schule an; eine Zukunft, in der diese Erfolgsbedingungen durchgehend realisiert sind. Wie sieht diese Schule der Zukunft aus? In Kleingruppen arbeiten die Kolleginnen und Kollegen ihre Visionen aus und präsentieren sie.

jlu: Und wie kann aus diesen Visionen Wirklichkeit werden?

oab: Die Präsentationen sind die Grundlage für die sich anschließende Realisierungs- oder Umsetzungsphase, in der wir – ausgehend von der erträumten Zukunft – konkrete Umsetzungsmaßnahmen planen: Was ist das Endziel? Was soll in den nächsten drei Jahren passieren? Wel-

chen Schritt unternehmen wir nächsten Montag? Dieser Perspektivenwechsel, das Ausgehen von Gelingenssituationen, das Nutzen der Weisheit der Vielen und die Ermutigung der Kollegen sind Charakteristika
der Positiven Pädagogik und sie weisen Wege, wie sich Schule von einer
Fehlerverfolgungs- zu einer Wertschätzungsanstalt wandeln kann.

jlu: Ein Perspektiven- bzw. Paradigmenwechsel ...

oab: Ja, entscheidend ist der Wechsel der Blickrichtung: Während traditionelle Schulentwicklung häufig die Vergangenheit und Gegenwart
analysiert und daraus Schlussfolgerungen für die Gestaltung
der Zukunft zieht und damit oft in der Mehr-desselben-
Falle hängen bleibt, geht Positive Pädagogik den umgekehrten Weg: Die Richtschnur für den Wandel
entsteht zu großen Teilen aus den Träumen und
Visionen der Lehrer und Schülervertreter. Auf diese Weise können wir uns von den Zwängen der Gegenwart freimachen und einen Möglichkeitsraum
erschließen. Diese Idee, sich von der erwünschten
Zukunft leiten zu lassen, stammt von dem Begründer
der Zukunftswerkstatt Robert Jungk. Unabhängig davon spricht der Begründer der Positiven Psychologie Martin
P. Seligmann neuerdings von »prospektiver Psychologie« und fei-
ert es als seine »Entdeckung«, dass wir Wandel erreichen können, wenn
wir unser Handeln von der erträumten Zukunft leiten lassen.

> Die Richtschnur für den Wandel entsteht zu großen Teilen aus den Träumen und Visionen der Lehrer und Schülervertreter.

jlu: Hast Du ein Beispiel für den Perspektivenwechsel?

oab: Stellen wir uns eine einspurige Straße vor, die jeden Nachmit-
tag dicht ist. Also bauen wir eine zweispurige. Nach drei Jahren ist
die auch dicht, weil der Straßenverkehr weiter zugenommen hat. In
Los Angeles, wo ich in meinem letzten Urlaub war, da stand ich trotz
12-spuriger Fahrbahn im Stau. Das ist das Mehr-desselben-Prinzip,
da verengt sich unser Möglichkeitsraum, weil wir unsere begrenzten
Ressourcen in die Lösungen von gestern investieren und damit die

Zukunft regelrecht zubetonieren. Das preußische Gymnasium z. B. ist so ein Vergangenheitsmodell: Schüler nach Alterskohorten sortieren, die fließbandmäßig vorrücken, wobei der Ausschuss aussortiert wird.

jlu: Wie sieht denn die Schule der Zukunft aus dem umgekehrten Blickwinkel aus?

oab: Das weiß ich auch nicht, denn diese Schule müssen wir gemeinsam mit allen Beteiligten, also Lehrern, Schülern, Eltern, Wissenschaftlern, Schulträgern etc. gemeinsam entwickeln. Mit Salutogenese, Selbstbestimmungstheorie und Wertschätzender Schulentwicklung haben wir aber drei mal drei Prinzipien, deren Beachtung es wahrscheinlicher macht, dass wir die gute Schule der Zukunft entwickeln können. Aus Sicht der Positiven Pädagogik müssten wir dazu als erstes dafür sorgen, dass alles verstehbar, bedeutsam, handhabbar ist. Als zweites, dass die Lehrer und Schüler so viel Freiheit haben, dass sie selbstbestimmt handeln können, ihre Kompetenzen entwickeln und Sinn- und Gemeinschaftsgefühl erfahren können. Und als drittes brauchen wir regelmäßig einen wertschätzenden Austausch über Gelungenes mit einer gemeinsamen Visionenbildung und einem konkreten Projektplan mit Meilensteinen, um die Zukunft der Schule, von der wir träumen, schrittweise zu erreichen.

jlu: Du plädierst für radikales Umdenken …

oab: Wenn man die Positive Pädagogik oder das Schulfach Glück radikal zu Ende denkt, in Richtung einer Glücksschule oder einer Wohlfühlschule oder einer Potenzialentwicklungsschule, dann wäre es natürlich eine radikale Sache. Dass und wie so etwas gehen kann, zeigt das Beispiel des Kollegiums der Alemannenschule Wutöschingen. Aber nur wenige Schulträger bzw. Kultusverwaltungen sind bislang mutig genug, einen radikalen Wandel zu unterstützen.

> Nur wenige Schulträger bzw. Kultusverwaltungen sind bislang mutig genug, einen radikalen Wandel zu unterstützen.

efs: Ja, weil auch die Kultusverwaltungen letztlich Erdulder sind, denen wir zeigen müssen, dass Wohlbefinden in der Schule nicht gleichbedeutend mit »Kuschelpädagogik«, sondern auch leistungsorientiert ist und zusätzlich alle anderen vollmundig formulierten Ziele der Bildungspläne realisiert. Genau das braucht Schule. Lehrer, die den Mut haben, von der Basis ausgehend Veränderungen im System hervorzubringen.

oab: Ja, genau. Und das ist der blinde Fleck unseres Schulsystems. Das ist der blinde Fleck der verwissenschaftlichen Pädagogik, wo man sagen muss: Pädagogik kann nie rein wissenschaftlich sein, sondern Pädagogik ist eine Kunst und hat etwas mit Persönlichkeitsführung zu tun und kann nur von den Beteiligten selbst gewandelt werden. Natürlich braucht man empirische Untersuchungen, aber sie müssen eingeordnet werden vor dem Hintergrund eines solchen umfassenderen Persönlichkeitsmodells der Lehrer- und Schülerpersönlichkeit. Und das wird im Moment überhaupt nicht diskutiert. Wir bewegen uns immer noch in einem Stadium, in dem wir über kosmetische Veränderungen, etwa die Minderung der Misere durch Classroom Management, diskutieren, mit dem verfehlten Ziel, ein überholtes Modell zu optimieren, anstatt es völlig neu zu denken. Und das geht nur, wenn alle, Lehrer, Schüler und Eltern, sich von alten mentalen Modellen befreien, von den veralteten Vorstellungen, wie Schule und Unterricht zu sein haben.

efs: Und da sind wir bei dem Punkt, den ich vorhin als Selbstbildung bezeichnet habe und wo ich Kritik übe. Wir bemühen uns in der Schule um Fach- und Methodenkompetenz und auch um Sozialkompetenz und vergessen dabei die personalen Kompetenzen. Nach alter Tradition hat das Elternhaus diese zu vermitteln. Wir vergessen dabei allerdings, dass sich Bildungsumgebungen verändern: Neben das Elternhaus sind inzwischen soziale Netzwerke und digitale Medien getreten, die massiven Einfluss auf die Persönlichkeitsentwicklung junger Menschen nehmen. Das ist nicht immer vorteilhaft, sondern fordert starke Persönlichkeiten, Menschen mit einem stabilen Selbstwert, die nicht sofort in Konformität abdriften, nur weil es opportun ist. Menschen mit Selbstregulierungsmöglichkeiten, die sie vor multioptionalen Verführungen schützen, und mit Empathie, die es ihnen möglich macht, jenseits der Ellenbogen ihr Gegenüber auch außerhalb von Facebook oder WhatsApp wahrzunehmen. Dieses Element der Selbstbildung vervollständigt die Pädagogik. Es geht um den Erwerb von Metakompetenzen; die kann man zwar nicht benoten, dennoch sind sie auch in der Schule wichtig. Ich gehöre nicht zu den Maschinenstürmern, die die digitalen Medien verdammen, aber die Schule steht vor der Herausforderung, unseren Kindern den Umgang damit zu vermitteln, und das meine ich nicht nur in technischer Hinsicht.

jlu: Olaf, Du hast Dich ja auch mit den digitalen Medien in der Schule beschäftigt. Kaum jemand bestreitet, dass die Digitalisierung unserer Gesellschaft weitreichende Folgen hat und Schule sich damit auseinandersetzen muss. Lenken die neuen Medien nicht vom Lernen ab?

oab: Ich habe ein nettes Beispiel. Schau dir mal den Text »Folgen exzessiver Nutzung neuer Medien« an. Wer im »Universallexikon der Erziehungs- und Unterrichtslehre« danach sucht, wird auf S. 144 fündig: Von der »verfrühten jugendlichen Reife«, vom »Verlust des Realitätssinns« und von der »Anstiftung zu Sex und Verbrechen« ist da die Rede. Eine »unmäßige Begierde« führe zu »Zeitverschwendung« und »Abspannung der eigenen Seelenkräfte«. Jugendliche verlören bei der exzessiven Mediennutzung ihr Konzentrationsvermögen, weil sie sich »wie in einem träumenden Zustande« daran gewöhnten, »alles nur auf die Unterhaltung ihrer Phantasie zu leiten.«

Ich lese dieses Zitat oft Lehrerinnen und Lehrern vor und frage sie, um welches Medium es sich dabei wohl handelt. Und was bekomme ich zur Antwort? Die Mehrzahl tippt auf Fernseher oder Computer. Doch worum handelt es sich wirklich? Es ist ein Zitat aus dem Universallexikon der Erziehungs- und Bildungslehre aus dem Jahr 1859. Bei der Beschreibung handelt es sich um die Gefahren der »Lesesucht«!

jlu: *Was willst Du mit diesem Beispiel sagen?*

oab: Es ist nicht neu, dass Pädagogen Angst vor Neuem haben und sich auf mögliche Gefahren kaprizieren, und niemand wird bestreiten, dass von den digitalen Medien und den sozialen Netzwerken Gefahren ausgehen, etwa Suchterkrankungen. Die Experten streiten sich über das Gefahrenpotenzial, Schätzungen sprechen von zwei bis acht Prozent suchtgefährdeter Jugendlicher. Das kann man nicht kleinreden. Doch von digitaler Demenz kann keine Rede sein.

jlu: *Aber lenken die neuen Medien nicht vom Lernen ab? Lehrer klagen über abnehmende Konzentrationsfähigkeit.*

oab: Und sie haben zum Teil recht. Natürlich lenken die neuen Medien auch vom Lernen ab. Doch was folgt daraus? Dass wir sie verbieten? Das wird nicht gehen, da bereits Zehnjährige bis zu vier Stunden täglich in den Medien unterwegs sind. Wir können ihre Lebenswelt nicht ignorieren, sondern müssen ihnen helfen, damit vernünftig umzugehen und die Chancen zu nutzen. So ist es unsere Aufgabe als Pädagogen, herausfordernde Lehr-/Lernumgebungen zu designen, sodass Lernen zu einer lusterfüllenden Tätigkeit wird. Nie gab es dafür so große Chancen wie heute: Gut gemachte Lernplattformen, flipped classroom, Gamification, internationale Klassen via Skype und vieles mehr kann dafür sorgen, dass Lehrer von Routinetätigkeiten entlastet werden und Schüler mehr Lernfreude erfahren. Dabei dürfen wir nicht vergessen, dass wir erst in den allerersten Anfängen der Digitalisierung des Bildungsbereichs stehen. Noch dominieren Ängste und Widerstände, doch schneller, als die meisten glauben, werden wir eine Bildungsrevolution erleben.

jlu: *Ängste und Widerstände sind in Zeiten des Umbruchs normal. Wie geht denn eine wertschätzende Schule, die Wohlbefinden und Glück hervorbringt, mit digitale Medien um? Die wirken doch eher störend?*

oab: Die an die Wand gemalten Katastrophenszenarien haben natürlich die Funktion, erstmal abzuwehren – dann muss man sich nicht ändern.

Erschreckend ist, dass schon viele junge Lehrerinnen und Lehrer innovationsfeindlich sind. Ich hatte vor einiger Zeit mit der Stiftung Lesen auf der Leipziger Buchmesse ein Forum. Dort war ein junger Lehrer, der ein Buch geschrieben hatte: »Lesen ist cool!«.[15] Er hat eine flammende Rede gegen das Internet gehalten und dafür großen Applaus vom Publikum erhalten. Er jammerte, die Schüler lernten nichts mehr, hingen nur noch an ihren Handys, sie würden den Kontakt zur Sprache verlieren – die üblichen Klischees. Und dann hat ausgerechnet die Vertreterin der Stiftung Lesen eine Gegenrede gehalten. Das sei Unsinn. Es sei noch nie so viel geschrieben worden wie in der heutigen Zeit. Die Kinder und Jugendlichen seien ständig in WhatsApp unterwegs und würden ständig Nachrichten posten, texten und umschreiben. Ständig würden kreative Sachen zusammengestellt und so weiter. Niemand will bestreiten, dass von den neuen Medien Gefahren ausgehen ...

jlu: *...denen wir mit der Vermittlung von Medienkompetenz begegnen müssen.*

oab: Die größte Gefahr ist ohne Zweifel, dass sie zu viel von unserem knappen Zeitbudget fressen. Da sehe ich eine Gefahr, die ich auch bei meinen Kindern wahrnehme. Auf der anderen Seite hat man solche Gefahren noch nie durch Verbote bekämpfen können. Stattdessen muss man mit dieser Herausforderung kreativ umgehen, etwa indem man die Chancen, die die neuen Medien bringen, aktiv nutzt. Stell dir einen Englischlehrer vor, der eine Partnerklasse aus Edinburgh organisiert. Die Schüler könnten sich via Skype gegenseitig unterrichten und dann auch real besuchen. Statt langweiliger Schulbuchlektionen haben sie dann einen realen Austausch mit Native Speakern. Stell dir vor, eine solche Partnerklasse hätte über den Brexit diskutiert und ihn live erlebt und kommentiert. Da entstehen Beziehungen, da entstehen Kontakte zu anderen Lebenswelten, da findet intensive Kommunikation in Echtzeit statt – und das kostet so gut wie nichts. Da kannst du die alten Schulbücher vergessen, und davor haben die Schulbuchverlage natürlich Angst, denn schließlich ist Südkorea dabei, die Schulbücher durch iPads zu ersetzen. Eine weitere Möglichkeit: Jede Stadt hat international meist mehrere Städtepartnerschaften. Unsere Schüler könnten mit Partnerklassen in den Niederlanden, Spanien oder Kroatien gemeinsam Englisch lernen – alle sprechen in einer Fremdsprache miteinander und planen gemeinsame Projekte.

jlu: Die Vereinsamung vor dem Computer siehst Du nicht als Gefahr?

oab: Das betrifft eine Minderheit. Auch die Lesesüchtigen neigen teilweise zur Vereinsamung. Ich vermute das Gegenteil: Es wird eher ein radikales Anwachsen von Austausch, von Begegnungen geben, gerade durch den Computer und die sozialen Netze. Denn wenn ich virtuell mit jemandem vernetzt bin, will ich den auch mal sehen. Und ein weiterer Punkt, den viele noch nicht verstanden haben, ist: Das Tablet hat zwar die Größe der alten Schiefertafel, die Schüler im letzten Jahrhundert benutzten, aber es gibt einen, den entscheidenden Unterschied: Die Schiefertafel war ein geschlossenes System, auf dem ich schreiben konnte, aber das Tablet ist das Tor zur Welt. Ich kann aus dem Klassenraum heraus eine Revolution starten, einen Flashmob organisieren, eine Firma gründen, die Welt verändern.

jlu: Hast Du dafür Beispiele?

oab: Nur ein Beispiel, was heute möglich ist: Als herauskam, dass ausgerechnet unsere exzellenzbegeisterte Bildungsministerin, Frau Schavan, bei ihrer Doktorarbeit geschummelt hatte, hat sich eine Gruppe von Doktoranden gegründet, die innerhalb von zwei Tagen 20 000 Unterschriften gesammelt und damit ihren Rücktritt besiegelt hat. Man kann das unterschiedlich bewerten, es zeigt aber, welche völlig neuen Mitwirkungs- und Gestaltungsmöglichkeiten entstehen. Schüler wandeln sich immer häufiger von Konsumenten zu Produzenten, nicht nur, wenn sie Lernvideos für Mitschüler erstellen, sondern auch, wenn sie handelnd in das Gemeinwesen oder ihr soziales Umfeld eingreifen – und dabei Gestaltungskompetenz ausbilden. Das heißt, wenn Lehrer und Schüler erst einmal verstehen, was da für ein Potenzial drin steckt, vervielfachen sich die Lern- und die Gestaltungschancen. Das ist aber nur möglich, wenn sie den aktiven Gebrauch lernen. Ich verwende ja den Begriff »eingreifende Zukunftsgestaltung«. Das ist heute aus dem Klassenraum heraus möglich.

jlu: *In welchem Verhältnis stehen Deine Ausführungen zur Digitalen Dividende zur Positiven Pädagogik?*

oab: Gute Frage. Um es mit den Worten von Ernst zu sagen: Es geht um den Wandel vom Erdulder zum Gestalter.

jlu: *Das klingt mir nach Zukunftsmusik und Luftschlosstraum.*

oab: (lacht) Von wegen! Das ist ein Prozess, der gerade in Gang kommt und den innovative Schulen wie die bereits erwähnte Alemannenschule Wutöschingen aufgreifen und vorantreiben. Aber nicht nur die.

efs: Richtig, Olaf, vor allem auch die über hundert Schulen, an denen das Schulfach Glück bereits unterrichtet wird. Das sind alles andere als Luftschlösser. Und Olaf kann von vielen Schulen berichten, die ihren eigenen Weg zu einer guten Schule gegangen sind.

oab: Ein gutes Beispiel für Nachhaltigkeit ist die Peter-Ustinov-Gesamtschule in Monheim. Da kommst du hin und merkst in den ersten zehn Sekunden, dass du in einer guten Schule bist. Du nimmst wahr, wie es riecht, wie es aussieht, du schaust ins Lehrerzimmer – schon weißt du, die sind Gestalter. Die wollen etwas. Als ich dort angekommen bin, saßen 80 Kollegen im Kreis, ein großer Blumenstrauß stand da, Kaffee dampfte. Ich hielt meinen Vortrag, es gab Zwischeneinwände, angeregte Diskussionen. Fast alle waren und sind engagiert. Echt super! Ich habe dann, das ist jetzt etwa fünf Jahre her, mit dem Kollegium eine Zukunftswerkstatt zur Schulentwicklung gemacht. Zwei Jahre später rief mich die didaktische Leiterin an und sagte: »Herr Burow, wir wollen noch eine Zukunftswerkstatt machen, diesmal mit den Schülern.« Daraufhin fragte ich: »Was ist denn bei Ihnen passiert?« »Nach der Zukunftswerkstatt mit dem Kollegium haben wir die 45-Minuten-Stunde abgeschafft, wir haben jetzt ein rhythmisiertes Zeitkonzept, wir haben eine Innovationsgruppe, die funktioniert, und jetzt wollen wir mit Ihnen weiterarbeiten.«

jlu: Von wem ging der Veränderungsimpuls aus?

oab: Die treibende Kraft für die Veränderung war die didaktische Leiterin, Hedwig Huschitt. Sie hat für Nachhaltigkeit gesorgt, hat die richtigen Fragen gestellt: Tolle Vision, bis wann setzen wir was um? Wann kontrollieren wir das? Wie geht es weiter? Schulen, die Projekte vorantreiben und Visionen umsetzen wollen, brauchen engagierte Schulleitungen wie Frau Huschitt und sowas wie Projektmanagement. Ohne klare Verantwortlichkeiten und eine starke Schulleitung ist es schwierig, Wandel voranzutreiben. Erinnern wir uns an die Erkenntnis der erwähnten amerikanischen Untersuchung: Gute Schulen haben gute Schulleitungen.

jlu: Die überzeugte Schulleitung als Garant für nachhaltige Schulentwicklung?

oab: Partizipative Methoden funktionieren nur, wenn es eine starke Schulleitung, ein Schulleitungsteam oder wenigstens eine Gruppe gibt, die wirklich etwas bewegen will und bereit ist, sich dafür zu engagieren. Aussichtsreiche Chancen für nachhaltige Veränderungen sind: eine neue Schulleitung, ein Generationswechsel im Kollegium oder konkrete Herausforderungen. Ist nichts davon der Fall, machen die Kolleginnen und Kollegen zwar mit, aber es wird wenig umgesetzt. Allerdings darf man die schwer messbaren »Nebenwirkungen« auf die Schulkultur und das Kommunikationsklima nicht unterschätzen.

jlu: Also gibt es entweder keinen Effekt oder einen riesigen, aber nichts dazwischen – und in jedem Fall Nebenwirkungen?

oab: Was die Zukunftswerkstatt auf jeden Fall bewirkt, und das sind solche »Nebenwirkungen«, man hat zumindest für ein halbes Jahr ein besseres kollegiales Klima, weil sich die Teilnehmer über Gelingenssituationen austauschen und in ungewohnter, kreativer Weise begegnen. Die Kollegen können zum ersten Mal allen zeigen, was sie drauf haben, und sie arbeiten zusammen, sie haben Spaß.

jlu: *Du setzt die Zukunftswerkstatt ja auch zur Lehrergesundheit ein. Was macht Ihr da und welche Effekte hat das?*

oab: Genau, das ist die Zukunftswerkstatt »Abbau von Belastungen«, die ich bereits erwähnt habe. Bei den Evaluationen kommt heraus, dass ca. 50 Prozent die Methode als sehr gut und hilfreich empfinden, ca. 30 Prozent als gut und ca. 15 Prozent damit nichts anfangen können. Das sind konstante Werte und sie belegen das Potenzial der Zukunftswerkstatt. Aber wenn Du mich nach konkreten Umsetzungen fragst, dann muss ich antworten, dass wir das bislang zu wenig untersuchen konnten und auf gelegentliche Rückmeldungen angewiesen sind. Unsere vage Erkenntnis daraus ist, dass es darauf ankommt, ob eine echte Herausforderung da ist und ob es Ressourcen gibt, ob es Anerkennung, Gratifikationen gibt.

jlu: *Und wenn das Kollegium vor einer echten gemeinsamen Herausforderung steht, die der Impuls für die Zukunftswerkstatt ist?*

oab: Dann passiert mit Sicherheit was. Oft wird eine neue Rhythmisierung des Schultages vorgenommen, die Pausengestaltung wird neu überdacht, es werden Ruhezonen geschaffen und vieles mehr. Besonders viel passiert natürlich, wenn wir eine Schule neu oder einen Umbau planen. Oder wenn wir an einem Rhythmisierungskonzept für den Ganztag arbeiten oder mit einem engagierten Schulleiter, wie mit Hans Oberhollenzer aus Böblingen, darüber nachdenken, wie wir die Kulturschule optimieren können. Je konkreter, desto höher die Wahrscheinlichkeit, dass etwas passiert. Wenn die Herausforderung klar definiert ist, dann wird die Zukunftswerkstatt sehr viel stärkere Konsequenzen haben.

SCHULE BRAUCHT MEHR FREIHEIT

SCHNEIDE DIE ALTEN ZÖPFE AB UND
GESTALTE MÖGLICHKEITSRÄUME.

jlu: Aus euren Schilderungen von Seminaren zum Schulfach Glück bzw. zur Positiven Pädagogik schließe ich, dass viele eure Teilnehmer dort ein Aha-Erlebnis haben. Und dann folgt der Abstieg in die Niederungen des Alltags, zurück zu Kollegen mit ihren klugen Sprüchen wie: »Das war schon immer so und wir werden es auch nicht mehr ändern.« Welche Anker und Orientierungshilfen bietet Ihr Euren Seminarteilnehmern, dass sie sich in ihrem Alltag nicht wieder verlieren?

efs: Ein Anker hat bekanntlich drei Ankerpunkte. Der erste Ankerpunkt für unsere Teilnehmer an den Weiterbildungen zum Schulfach Glück und den Lehrveranstaltungen ist die Zurückgewinnung von Authentizität. Ich darf Mensch und muss kein Zuchtmeister, Schauspieler oder Animateur sein. Ich bin als unabhängiger Gestalter von Lernprozessen gefragt. Der zweite Anker ist die erbrachte und erfahrene Wertschätzung. Schule als Raum von Vertrauen und Verantwortung im Umgang miteinander. Der dritte Ankerpunkt ist die fortwährende Freude an der eigenen und an der Entwicklung der Schülerinnen und Schüler.

jlu: *Müssen wir für mehr Achtsamkeit in der Schule werben und den Pädagogen zeigen, wie sie resilienter werden?*

efs: Das ist genau der salutogene Ansatz, über den wir schon gesprochen haben. Selbstvertrauen, Selbstwirksamkeit und das Erkennen von Sinnhaftigkeit und eigener Bedeutsamkeit heißen hier die Koordinaten. Und die müssen in der Struktur der Schule, etwa im Schulprogamm und im Leitbild, so verankert sein, dass sie zu handlungsleitenden Orientierungen werden.

jlu: *Ernst, Du hast vom Gewissen gesprochen. Wie stelle ich sicher, dass ich meinem Gewissen, meiner inneren Stimme folge, achtsam mit mir und meiner Umwelt bin? Wie werde ich resilienter, und vermeide Abstumpfung, Gewöhnung an die Routinen des Alltags?*

efs: Selbstgemäße Entfaltung ist der Kompass, der mir anzeigt, dass ich auf dem richtigen Kurs bin. Das erkenne ich in der Reflexion. Das ist so ähnlich wie die Navigation, die sich an den Sternen orientiert. Erkenne dich selbst, hätten die alten Philosophen gesagt. Heute heißt das »search inside yourself« und meint Selbstachtung statt Selbstgefälligkeit, persönliche Weiterentwicklung statt Stehenbleiben, Selbstbestimmung statt Konformität, soziale Netzwerke statt Einzelkämpfertum, Sinnfindung statt Beschäftigungstherapie. Und das heißt vor allem: raus aus der Problemtrance hin zur Lösungsorientierung. Das sind genau die Faktoren, die wir vorhin beim Wohlbefinden schon angesprochen haben, die den Lehrern helfen, auch im Alltag und umgeben von Erduldern das gute Gefühl aus dem Seminar hochzuhalten.

> Raus aus der Problemtrance hin zur Lösungsorientierung.

oab: Worum es mir geht, ist die Befreiung aus den überkommenen Routinen. Schneide die alten Zöpfe ab, wie das Sprichwort so schön sagt, und gestalte Möglichkeitsräume. Das ist sozusagen der Raum der Freiheit oder der Raum der ungenutzten Möglichkeit, der Raum der auftauchenden Zukunft, den ich nur erschließen kann, wenn ich, wie es Otto Scharmer vom MIT nennt, Open Mind, Open Heart und Open Will entwickle. Ich habe ja bereits auf die Untersuchung aus den USA hingewiesen, in der acht Schulsysteme weltweit unter der Frage »Was wirkt?« verglichen worden sind, und da kommt raus: Das Wichtigste ist die Schulkultur, und zwar der Freiraum, den Lehrer und Schüler haben, aber der aktiv gestaltet und durch eine starke Schulleitung, die Leadership, also durch ganzheitliche, salutogene Führung praktiziert und geschützt wird.

efs: Spinoza hat die Freiheit als wesentliche Quelle des Glücks bezeichnet.

jlu: Der Umgang mit Freiheit ist nicht selbstverständlich.

oab: Den proaktiven Umgang mit Freiheit müssten angehende Lehramtsstudierende eigentlich lernen, stattdessen durchlaufen sie ein verschultes System und jagen Credit Points nach.

efs: Das Versäumte lässt sich zumindest teilweise im Schulalltag wettmachen, wenn die Schulleitung Freiheit und Gestaltung zulässt.

oab: Also eine gute Schule ist eine Schule, in der eine starke Schulleitung Visionen stützt, sich als Unterstützer der Lehrer versteht und ihnen die Freiräume ermöglicht, aber sie auch herausfordert, so dass sie neue Ideen und Praktiken entwickeln und pädagogisch umsetzen können. Aus Sicht der Positiven Pädagogik geht es stärker um das, was die Lehrer für sinnvoll erachten, und nicht um fremdbestimmte Normierung und Standardisierung.

efs: Das sind genau die aktiven Gestaltungsräume, in denen Lernen sinn- und freudvoll stattfindet.

jlu: Aktive Gestaltungsräume – heißt das, ich sehe, dass ein Schüler in einer bestimmten Klasse ein bestimmtes Niveau hat, und sage: »Ich möchte, dass er folgende Fachkompetenzen erwirbt. Ich möchte außerdem, dass er sich folgende Methodenkompetenzen und Sozialkompetenzen erarbeitet. Wie er das in der Schule erreicht, überlasse ich dem Schüler und seinen Lernbegleitern.« Meinst Du das mit diesem Begriff?

oab: Es handelt sich um das Prinzip, das auf der Selbstbestimmungstheorie basiert und das z. B. Margret Rasfeld an der Evangelischen Schule Berlin Zentrum mit Ihrem »Projekt Herausforderung« praktisch umgesetzt hat. Die Schülerinnen und Schüler der achten, neunten, zehnten Klassen verlassen für drei Wochen die Schule, um in Teams weitgehend selbstständig ein selbstgewähltes Projekt umzusetzen, dessen Präsentation und Auswertung anschließend zum Unterrichtsgegenstand wird. Es geht um selbstgesetzte Herausforderungen und selbstgesetzte Ziele. Die kommen aber nicht von selbst, sondern man muss Schülerinnen und Schüler darin systematisch und über einen längeren Zeitraum trainieren. Man muss sie dazu befähigen und dafür geeignete Lehr-/Lernumgebungen schaffen, wie das die Alemannenschule Wutöschingen beispielhaft realisiert hat, indem sie die klassischen Klassenzimmer und den traditionellen Unterricht zu einem großen Teil abgeschafft hat zugunsten einer weitgehenden Selbststeuerung der Schüler unterstützt durch netzbasierte Kompetenzraster. Ich habe schon 1983, in einem Artikel in »Psychologie Heute« mit dem programmatischen Titel »Lernlust statt Schulfrust«, die Forderung aufgestellt, dass 50 Prozent des Unterrichts für Schüler und Lehrer frei gestaltbar sein sollten. Sie dürften in dieser Zeit machen, wozu sie Lust haben, ihren Lernprozess selbst bestimmen. Das gilt für Lehrer wie für Schüler gleichermaßen.

jlu: Ist das nicht illusorisch angesichts eher abnehmender Freiräume im gegenwärtigen Schulsystem?

oab: Gut, vielleicht sind 50 Prozent überzogen, sagen wir 30 Prozent, aber in diese Richtung sollten wir gehen.

Jedenfalls beobachte ich das an meiner älteren Tochter, die jetzt Abi macht. Wie gesagt, sie muss Mathe pauken, obwohl eine neue Untersuchung belegt, dass bis zu 70 Prozent der Schüler nach dem Abi nicht einmal mehr den Stoff der achten, neunten Klasse beherrschen. Und an diesem Missstand hat sich trotz aller Untersuchungen in den letzten Jahrzehnten wenig geändert. Gleichzeitig ist sie in den Bereichen Zeichnen und Sprache sehr kreativ. Warum kann dieses Kind nicht schwerpunktmäßig ihr Sprach- und Kunstprofil entwickeln? Hier liegt ein zentrales Problem: In der Traditionsschule bekommt sie nur Standardunterricht auf niedrigem Niveau. Das heißt, sie wird in diesen Bereichen unterfordert und in anderen, die ihr nicht liegen, überfordert. Ihr Element ist gar nicht gefragt, also ihr persönliches Profil, ihre Neigungen, ihre Begabungen, ihre innere Berufung. Das heißt, wenn ich jetzt Schule radikal denke, dann bin ich wieder bei dem, was ich eben gesagt habe: Wir brauchen ein Basiscurriculum von vielleicht 50 Prozent und die anderen 50 Prozent müssen völlig frei gestaltbar sein – auch für Lehrer. Denn auch viele Lehrerinnen und Lehrer verfügen über Talente, die sie nur in ihrer Freizeit außerhalb der Schule leben. Hier liegt ein unerschlossenes Potenzial. Wenn ich etwas unterrichte, was mich innerlich begeistert, dann bin ich in der Lage, auch andere zu begeistern.

> Wir brauchen ein Basiscurriculum von vielleicht 50 Prozent und die anderen 50 Prozent müssen völlig frei gestaltbar sein.

Und das ist doch aus Sicht der Positiven Pädagogik genau das Problem in Schule, dass sie diese Möglichkeitsräume zu oft zuschüttet, und damit viele Chancen vergibt.

jlu: Und wie etabliere ich diesen Möglichkeitsraum?

oab: Dieser Möglichkeitsraum entsteht immer dann, wenn ich mich von alten Routinen verabschiede und mich für neue Möglichkeiten öffne im Sinne des Scharmer'schen Dreischritts: Open Mind – Open Heart – Open Will. Zu Beginn muss ich mich freimachen von den Denk- und Verhaltensmustern der Vergangenheit und mich öffnen für das Neue. Dann muss ich spüren, was mich berührt, was mich wirklich interessiert. Und auf dieser Basis kann ich dann meine Handlungen organisieren.

jlu: *Das klingt sehr spirituell ...*

efs: Im Gegenteil, hier geht es um Lebenspraxis.

oab: Ernst hat hierzu eine einfache Übung: Jeder Seminarteilnehmer soll seinen rechten Arm ausstrecken und ihn soweit nach rechts bewegen, wie er kommt, und sich dann den Punkt merken, den er erreicht hat. Dann schließen die Teilnehmer die Augen und stellen sich die größtmögliche Drehung, die sie erreichen können, vor. Sie öffnen die Augen und wiederholen die Übung. Die Teilnehmer sind jedes Mal verblüfft, weil sie nun einen deutlich vergrößerten Radius erreichen. Was will uns die Übung sagen?

Unsere mentalen Modelle, die wir in unserer Sozialisation erworben haben und die uns meist nicht bewusst sind, bestimmen über die Wahrnehmung und die Nutzung unseres Möglichkeitsraums. Mit dem Schulfach Glück hat Ernst einen Ort geschaffen, an dem man nicht nur seine eigenen mentalen Modelle kennenlernt, sondern auch den eigenen Möglichkeitsraum auslotet. Für viele ist das eine völlig neue Erfahrung. Entdecken sie doch, dass sie bislang unter ihren Möglichkeiten gelebt und ihr Potenzial nur unzureichend genutzt haben.

Wenn ich eine Zukunftswerkstatt mit einem Kollegium durchführe, dann ist das auch ein Beitrag dazu, den engen Horizont der Traditionsschule zu überwinden und die Kolleginnen und Kollegen darin zu unterstützen, neue Möglichkeiten zu erschließen und Schule neu zu denken. Entscheidend ist dabei der erweiterte Kreis. Ich schlage den Veranstaltern immer vor, einen möglichst breiten Kreis von an Schule beteiligten Personen einzuladen, also nicht nur Lehrer, sondern auch Schüler, Eltern, Vertreter der Schulverwaltung, einen örtlichen Unternehmer, möglichst auch Künstler, Kreative, Querdenker. Die Mischung machts.